本书为湖南省“芙蓉计划”高校优秀思想政治工作“名师工作室建设项目”（湘人才发〔2022〕14号）阶段性成果，为湖南省社科基金项目“新时代网络舆情危机治理研究”（22B06）、湖南省教育厅科学研究重点项目“后扶贫时代高校‘党建＋专业’助力乡村振兴的有效机制研究”（20A194）、湖南省重点马院专项研究重点项目“智能技术赋能高校思想政治理论课教学数字化的实践研究”（2022ZDBM05）、湖南省普通高校教学改革重点项目“基于智能技术的高校思想政治理论课智慧课堂构建与实践研究”（HNJG-2022-0164）结题成果

新时代高校资助育人的理论与实践

张　琳 / 著

湘潭大学出版社
XIANGTAN UNIVERSITY PRESS

目　录

第一章 高校资助育人的时代使命

高校资助育人的时代使命，不仅在于为家庭经济困难学生提供物质支持，更在于培养其健全的人格、良好的品德和卓越的能力，使其成为社会的栋梁之材。新中国成立以来，党和国家始终坚持教育事业优先发展策略，高度重视家庭经济困难学生上学问题，如习近平总书记在党的十九大报告中明确指出："要全面贯彻党的教育方针，落实立德树人根本任务，发展素质教育，推进教育公平。"[①]在此背景下，高校资助育人不仅有助于促进教育公平、社会公平，而且在人力资源开发、乡村振兴等方面亦发挥着重要作用。

第一节 高校资助育人的历史沿革

通过梳理我国高校资助育人的发展历程可知，自新中国成立以来，我国高校资助育人政策正逐步建立健全，资助育人体系正逐步完善。根据资助政策的差异性，可将高校资助育人的发展历程划分为普惠均等、多元化探索、新政策体系发展等阶段。

一、普惠均等阶段（1949—1982）

新中国成立初期，教育水平低下、教育财政有限，与当时的经济恢复和发展需要大量人才这一现实要求相矛盾。在此背景下，政府采取人民助学金政策，资助大学生完成学业。此时的人民助学金，覆盖范围较广，属于普惠均等阶段。新中国成立初期至1955年期间，我国曾实行了一段时期的学生供给制，其主要资助对象为军政干部学校学生、干部子弟学校学生、少数民族学生以及烈士子女，这部分学生无需缴纳学费，并享受免费住宿、伙食以及服装的待遇。此外，为满足学生的基本生活所需，政府还发放了定额津

①习近平谈治国理政(第3卷)[M].北京:外文出版社,2020:36.

贴，用以购买洗漱用品等日常生活必需品。1952年政务院发布《关于调整全国高等学校及中等学校学生人民助学金的通知》，提出“各级各类学校的人民助学金应以适当地解决学生的伙食和其他实际的物质困难为目的。除普通中学外，伙食费须同等地和普遍地发给每一个学生，生活津贴应按照需要者的各人具体经济情况，分为若干等级发给”[①]，并取消针对少数民族学生的供给制待遇，改为发放助学金。同年，教育部印发《关于调整各级各类学校教职工工资及学生人民助学金标准的通知》，统一规定了全国各级各类学校学生助学金的基本发放标准。在高等教育领域具体表现为高等学校学生全部发放人民助学金，其中非师范院校学生每人每月12万元（当时人民币币值为旧制单位，1955年3月实施币制改革，以1万元旧币折合新币1元）；师范院校本科生每人每月14万元，专科生每人每月16万元；升入高等学校的在职干部每人每月32万元。人民助学金自1952年统一设置与实施后，除对资助标准进行调整外，资助对象也发生了一些调整，主要表现为从普惠制逐渐转变为面向经济困难学生。

1955年，高等教育部与教育部联合发布《关于制发高等学校一般人民助学金分地区标准的通知》，正式实行分地区困难补助制度，根据各地区生活困难情况制定不同的困难补助标准，在普惠均等的基础上对困难学生加大资助力度。但这一时期的资助政策，过于注重公平，而忽视了效率，存在“大锅饭”“平均主义”等弊端，资助对象认定主观性较强，资助形式单一，缺乏激励作用。同年8月，高等教育部发出《关于执行全国高等学校（不包括高等师范学校）一般学生人民助学金实施办法的指示》，将本专科学生发放对象由“全体发给”改为“部分发给”。根据学生的家庭经济条件确定是否发放以及发放数额。家庭富裕能自费者，不发给助学金；能自费半数或1/3伙食费者，发给所缺部分；完全无力负担者，发给全部伙食费。1955年本专科学生助学金资助比例为70%，1964年提高到75%。[②]1960年1月，国务院转发教育部出台的《关于工人、农民、干部学生人民助学金标准的暂行规定》，规定指出，针对具有三年以上连续工龄或从事农业劳动的工人干部、农民学生，将依据

①中央人民政府政务院.政务院关于调整全国高等学校及中等学校学生人民助学金的通知[N].人民日报,1952-07-11.

② 全国学生资助管理中心.中国学生资助70年[N].人民日报,2019-09-23.

高于普通学生的标准，专门发放人民助学金。具体的发放标准将根据不同身份进行差异化设定。同时，规定明确指出，各省、自治区、直辖市及各级学校可在国家制定的大原则范围内，根据当地实际情形，制定具体的实施方案。这次调整给予地方政府一定的设置助学金名额和发放标准的权利。1964年，中共中央批转了高等教育部《关于提高高等学校学生伙食标准和相应提高助学金补助比例的请示报告》，报告建议从1964年4月起，凡高等学校学生的伙食补助每人每月增加3元；从5月起，非师范院校的普通高校学生，人民助学金的比例由70%提高至75%。另外，加上师范院校和民族院校的学生，普通高校学生的受助比例，已经达到80%以上。经过后期三次重大调整，一种较为系统、完善的人民助学金制度已基本形成，它涵盖了高校学生资助的各个领域，为后续形成的高校学生资助制度提供了理论上的指南和实践上的指导，这种制度在中国一直持续了30多年。①1979年8月4日，教育部、财政部、国家劳动总局颁发实行职工助学金的规定，指出连续工龄满五年的国家职工考入高校后，将一律实行职工助学金制度，不再享受原工资和原单位其他待遇；一般学生实行人民助学金制度，除高等师范、体育、民族学生全部享受人民助学金外，其他学生的人民助学金享受面按75%计算。自1982年起，凡国家职工被录取为研究生者，将不再享有原单位所发放的工资待遇，转而统一实施人民助学金制度。

由上可知，普惠均等阶段，高校资助育人功能具有明显的政治性，主要是为巩固新生的社会主义政权和培养工农阶层的知识分子服务，因此有利于团结广大人民群众，激发其爱国爱党情怀，且工农大众与其子女能平等地接受国家高等教育，这有助于激励广大青年积极投身于社会主义建设当中。

二、多元化探索阶段（1983—2006）

1983—2006年这一时期的高校资助体系，主要以学生奖学金和学生贷款制度为主体，以特殊困难补助、勤工助学基金为辅助，进入了一个多元化探索阶段。

① 余子侠、陈彬主编.中华人民共和国学生资助史[M].武汉:华中师范大学出版社,2021:236-237.

第一，国家设立了奖学金制度。1983年7月，《普通高等学校本、专科学生人民奖学金暂行办法》发布试行人民奖学金制度，该办法规定资助范围控制在本专科学生人数的10%～15%，资助标准为不超过150元每生每年，资助对象为德智体全面发展、成绩优秀的一年级以上学生[①]，旨在鼓励和表彰在学业、科研、社会实践等方面表现优秀的学生。奖学金不仅为学生提供了一定的经济支持，更激发了他们的学习积极性。同时，对于家庭经济困难的学生，国家也加大了资助力度，通过助学金、减免学费等方式，帮助他们顺利完成学业。1986年7月，国务院正式批转了《国家教育委员会、财政部关于改革现行普通高等学校人民助学金制度的报告》，明确指出，为了进一步优化高等教育资助体系，决定将原有的人民助学金制度逐步转变为奖学金与学生贷款制度。同年，为确保改革措施的稳妥推进，国家教育委员会精心选取了全国范围内的85所普通高等学校作为试点单位，率先开展了奖、贷学金的实践探索工作。1987年7月，国家教育委员会、财政部联合印发《普通高等学校本、专科学生实行奖学金制度的办法》要求所有高等院校实行奖学金和贷学金制度。奖学金分为优秀学生奖学金、专业奖学金、定向奖学金三类：优秀学生奖学金用于奖励德、智、体全面发展的优秀学生，共分三个等级：一等优秀学生奖学金，按学生人数的5%评定，每人每年350元；二等优秀学生奖学金，按学生人数的10%评定，每人每年250元；三等优秀学生奖学金，按学生人数的10%评定，每人每年150元。专业奖学金适用于考入师范、农林、体育、民族、航海等专业的学生。分三个等级：入学第一年，一律享受三等专业奖学金，每人每年300元。从第二学年开始，按学生人数的5%评定一等专业奖学金，每人每年400元；按学生人数的10%评定二等专业奖学金，每人每年350元；其余85%仍享受三等专业奖学金。定向奖学金适用于立志毕业后到边疆地区、经济贫困地区和艰苦行业工作的学生，具体金额由有关部门和有关地区根据计划确定的名额设立。[②]1991年6月，国家教育委员会、财政部发布《关于增发高等师范院校等学生生活补助费的通知》，再次提高师范、农

① 沈红等.中国高校学生资助的理论与实践1997—2016[M].北京:中国社会科学出版社,2016:164.
② 杨庆实.中国高校学生资助政策体系理论与实践研究[M].北京:中国社会科学出版社,2017:46-47.

林等指定专业学生的奖学金标准，每人每年再增发136元的生活补助费，同时对于特殊困难学生，各高校可以根据实际情况，按每人每月不超过两元的标准计提专项经费。1993年7月，国家教育委员会和财政部又发布专项工作通知，高校进一步采取措施，保障生活特别困难的在校大学生完成学业。

第二，国家推出了贷款政策。1987年7月，国家教育委员会、财政部联合印发《普通高等学校本、专科学生实行贷款制度的办法》，这一办法规定，国家向经济困难学生提供无息贷款，最高贷款限额每人每年不超过300元，发放贷款的比例严格控制在本专科学生人数的30%以内。[①]这一政策既解决了学生眼前的经济困难，又为他们提供了更多接受高等教育的机会。1999年12月，《关于助学贷款管理的若干意见》出台，规定高校家庭经济困难，学生可凭自身信用申请国家助学贷款，并将其由担保贷款改为信用贷款，在毕业之后的四年内还清，可享有最长一年的还本宽限期。1999年，中央作出扩大高等教育规模的决定，全国各类高等学校实际招生280万人，高等教育毛入学率达到10.5%，此后8年间，高校招生规模也逐渐增大，到2005年，普通高等学校招生数突破500万人，相当于1998年的五倍，实现高等教育规模化发展。2000年，教育部联合国家计委、财政部下发了《关于2000年高等学校招生收费工作通知》文件，要求高等学校应建立“绿色通道”制度，缓解家庭经济困难，学生开学时的经济困难，圆经济困难家庭考生的大学梦，自此，“绿色通道”制度作为高等学校学生资助的一项重要制度被确立下来。2001年7月，中国人民银行、财政部、教育部、国家税务总局联合发布《关于进一步推进国家助学贷款业务发展的通知》。2002年，又发布《关于切实推进国家助学贷款工作有关问题的通知》，对推进助学贷款工作进行部署，推进国家助学贷款工作。2002年4月，财政部、教育部颁布《国家奖学金管理办法》，标志着国家奖学金的设立。国家奖学金分为两个档次：一等每人每年6000元，二等每人每年4000元。同时，对于荣获国家奖学金的学子，将予以免除其当年全部学费的优惠政策。此举针对家庭经济状况困难、身体健康状况良好以及学业成绩优异的学生。此外，对于重点高校以及师范、农林、民族、体

① 全国学生资助管理中心.中国学生资助70年[N].人民日报,2019-09-23.

育、航海、水利、地质、矿产等特定专业的学生，在申请时将予以适当倾斜，特别是针对这些专业学生占在校生比例较大的高校。到2003年，全国通过“绿色通道”办理入学手续的高校学生约为28万人。2004年6月，教育部、财政部等部门联合发布《关于进一步完善国家助学贷款工作的若干意见》，健全国家助学贷款管理体制，最大限度地降低国家助学贷款的风险。此次是国家助学贷款实施以来调整力度最大的一次，取得的成效显著。2005年，财政部、教育部发布《关于印发〈国家助学奖学金管理办法〉的通知》，“国家助学奖学金”分为国家奖学金和国家助学金两种形式，其中国家奖学金的资助对象为高校家庭经济困难、品学兼优的全日制本专科学生；每人每年4000元，每年资助5万名学生。国家助学金的资助对象为高校家庭经济特别困难的全日制本专科学生；每人每月150元，每年按10个月发放，每年资助约53.3万名学生。2006年9月，教育部、财政部印发《高等学校毕业生国家助学贷款代偿资助暂行办法》，为了鼓励更多优秀毕业生投身国家基层建设，为西部地区和艰苦地区的发展贡献力量，中央财政将出资支持中央部属高校毕业生赴西部地区和艰苦地区基层单位就业，并对服务期满3年以上的毕业生，由国家代为偿还其助学贷款本金及利息。

第三，国家对高等学校的收费标准进行了规定。1989年8月，国家教育委员会、国家物价局、财政部三部委联合颁布《关于普通高等学校收取学杂费和住宿费的规定》指出，长期以来，我国普通高等学校招收学生均实行免收学杂费制度，这种制度同当前我国经济社会发展很不适应，继续实行这种制度，不仅国家财政难以承担，而且也不利于高等教学进一步发展和提高。因此，决定从1989学年度开始，对新入学的本、专科学生（包括干部专修科和第二学士学位班学生），实行收取学杂费制度，并指出对于家庭经济困难的学生，可酌情减免学杂费，但住宿费不予减免；师范院校享受专业奖学金的学生免收学杂费和住宿费，其他专业享受专业奖学金和定向奖学金的学生免收学杂费，只收取住宿费。在文件中也对收取学杂费和住宿费的标准进行了规定，在充分考虑到当前各地经济发展水平、人民群众的收入水平和经济承受能力时，学杂费每学年100元为宜，住宿费一般每学年20元左右，根据实际情况可适当调整。该政策也标志着，从1989年开始我国正式迈入高校教育收费时代。

第四，国家对勤工助学工作进行了部署。1993年8月，国家教育委员会联合财政部出台《关于进一步做好高等学校勤工助学工作意见的通知》，对如何做好高等学校勤工助学工作做出部署，对其组织领导、机构设置、报酬标准、资金筹措等做出明确要求和界定。1994年5月，国家教委、财政部联合发布《关于在普通高等学校设立勤工助学基金的通知》，在通知中指出，中央财政将以专款形式对普通高等学校安排勤工助学基金启动经费，并从四个渠道充实勤工助学奖学金：一是根据国家任务学生数，按每人每月3～5元的标准在教育事业费中提取经费；二是从学杂费收入中划出5%的经费充实勤工助学基金；三是从学校预算外收入中划出一定比例的经费；四是基金自身的增值。该政策保障了勤工助学的可持续发展，为其提供了物质保障。1995年4月，国家教委出台《关于对普通高等学校经济困难，学生减免学杂费有关事项的通知》，规定对于孤儿学生、残障学生、少数民族学生、享受优待抚恤的军人和烈士家庭学生等，减免学杂费。1999年6月，教育部、财政部下发《关于进一步加强高校资助经济困难学生工作的通知》，通知中指出，各学校每年必须从学费当中划出百分之十的经费，用于勤工助学工作。2005年，教育部、团中央联合下发《关于进一步做好大学生勤工助学工作的意见》，在其中，对于勤工助学的酬金标准以及时间均作出了明确的规定，目的在于切实维护学生的基本权益。

三、新政策体系发展阶段（2007年至今）

2007—2012年，国家出台了诸多资助新政策，国家学生资助新政策的相继出台，实现了“三个全覆盖”，即所有学段全覆盖、所有学校全覆盖、家庭经济困难学生全覆盖。在这一阶段，实施国家助学金、助学贷款、学费减免、补偿代偿、勤工助学和“绿色通道”的资助形式，促使学生能享有公平的教育机会。在高校资助育人中，兼顾权力责任，坚持权利与义务的统一，既保障学生的受教育权利，同时履行应尽的义务，由“单方面无偿接受资助”到“权利与义务相统一”，培养学生的责任担当、诚实守信的品质。这一时期的高校资助体系进入了一个新政策体系发展阶段。

2007年5月，国务院办公厅转发《教育部等部门关于教育部直属师范大学师范生免费教育实施办法（试行）》的通知，决定自2007年秋季入学的新生起，在北京师范大学、华东师范大学、东北师范大学、华中师范大学、陕西师范大学和西南大学六所部属师范大学实行师范生免费教育，在校期间免除学费，免缴住宿费，并补助生活费。2007年5月，教育部、财政部印发《高等学校学生勤工助学管理办法》，在组织机构、职责划分、岗位设置、酬金标准、法律责任等方面作出详细规定。2007年6月，财政部、教育部印发《普通本科高校、高等职业学校国家奖学金管理暂行办法》，由中央政府出资设立面向高校全日制本专科（含高职、第二学士学位）特别优秀学生的国家奖学金。同时，为进一步激励家庭经济困难学生全面发展，还印发了《普通本科高校、高等职业学校国家励志奖学金管理暂行办法》，相较于2005年奖助学金政策新设了资助项目，要求高校从事业收入中足额提取4%到6%的经费用于资助家庭经济困难学生。2007年6月，教育部、财政部印发《关于认真做好高等学校家庭经济困难学生认定工作的指导意见》，对高等学校家庭经济困难学生的认定原则、标准、程序及组织实施作出规定。2007年7月，教育部印发《关于认真做好2007年高等学校新生入学“绿色通道”和贯彻落实新资助政策有关工作的通知》，要做好全日制公办普通高校家庭经济困难学生的入学工作，全面贯彻落实高校家庭经济困难学生新资助政策。2008年9月，财政部、教育部、银监会印发《关于大力开展生源地信用助学贷款的通知》，进一步扩大生源地信用助学贷款覆盖范围。2009年3月，财政部、教育部印发《高等学校毕业生学费和国家助学贷款代偿暂行办法》，对高校毕业生到中西部地区和艰苦边远地区基层单位就业、服务期在三年以上（含三年）者，其学费由国家实行代偿。2009年4月，财政部、教育部、总参谋部印发《应征入伍服义务兵役高等学校毕业生学费补偿国家助学贷款代偿暂行办法》，从2009年起对应征入伍服义务兵役的普通高等学校应届毕业生实施学费补偿贷款代偿政策。2011年10月，财政部、教育部、总参谋部印发《应征入伍服义务兵役高等学校在校生学费补偿国家助学贷款代偿及退役复学后学费资助暂行办法》，从2011年秋季学期起，对应征入伍服义务兵役的全日制普通高校在校学生实施相应的学费补偿或国家助学贷款补偿，对退役后复学的原高校在校学生实施相应的学费资助。

“党的十八大以来，以习近平同志为核心的党中央高度重视学生资助工作，要求‘健全学生资助制度’‘提高家庭经济困难学生资助水平’。”[①]同时，为确保家庭经济困难学生顺利入学、完成学业，拥有人生出彩的机会，以习近平同志为核心的党中央不断加大投入力度，“建立起了所有学段全覆盖、公办民办学校全覆盖、家庭经济困难学生全覆盖的学生资助政策体系”[②]，并出台了系列方针政策。如2015年8月，《教育部 财政部关于进一步加强学生资助政策宣传工作的通知》明确指出要完善学生资助信息发布制度，突出学生资助宣传工作重点，改进学生资助工作宣传方式，健全学生资助宣传工作机制，加强学生资助宣传队伍建设；2017年3月，财政部、教育部、中国人民银行、银监会等四部门印发《关于进一步落实高等教育学生资助政策的通知》，明确指出要进一步推动高等教育学生资助政策落实到位，把好事办好；2020年7月，教育部办公厅关于印发《中等职业学校学生资助工作指南》的通知，明确指出要推动中等职业学校学生资助政策规范有序实施，不断提升资助精准化水平；2021年9月，财政部、教育部、人民银行、银保监会联合印发《关于进一步完善国家助学贷款政策的通知》，明确提出要提高全日制普通本专科学生、全日制研究生每人每年申请贷款额度，强化国家助学贷款政策实施效果；2021年10月，财政部办公厅、教育部办公厅、人力资源社会保障部办公厅、人民银行办公厅联合印发《关于进一步规范和加强学生资助管理工作的通知》，明确指出要高度重视学生资助管理工作，提高资助对象认定精准度，规范学生资助直达资金管理，增加学生资助资金发放渠道，强化学生资助基础信息管理，加强学生资助监督管理，大力开展业务培训和政策宣传；2023年9月，为进一步健全学生资助政策体系，更好满足学生贷款需求，减轻学生经济负担，经国务院同意，教育部、财政部、中国人民银行、金融监管总局联合印发《教育部等四部门关于调整完善助学贷款有关政策的通知》，明确指出要提高国家助学贷款额度，调整国家助学贷款利率，开展研究

①奋力书写人民满意的学生资助答卷——党的十八大以来学生资助改革发展成就[EB\OL].(2022-8-30).http://www.moe.gov.cn/fbh/live/2022/54709/sfcl/202208/t20220830_656378.html.

②确保每一个学生顺利入学完成学业[EB\OL].(2022-6-29).https://news.cyol.com/gb/articles/2022-06/29/content_BPOqASlYQ.html.

生商业性助学贷款工作，等等。目前，我国学生资助体系在投入上主要是以政府资助为主、学校和社会资助为辅，在方式上主要是以无偿资助为主、有偿资助为辅，在对象上主要是以助困为主、奖优为辅。较之以前，资助的项目更全、力度更大、标准更高、范围更广。十多年来，我国学生资助政策体系逐步健全完善，学生资助规模不断扩大，学生资助事业显著发展，实现了质的飞跃，走出了一条具有中国特色、符合国情的学生资助之路，对保障教育事业健康快速发展以及经济和社会事业发展作出了突出贡献。

总之，我国高校学生资助政策体系，经过了70多年的探索与发展，建立了以“奖、助、贷、勤、补、减、免”等为核心的高校资助政策体系，有力地促进了我国高等教育事业的发展，为新时代高校资助育人工作的开展提供了丰富的经验和良好的实践基础。我们应继续坚持以习近平新时代中国特色社会主义思想为指导，“不断完善学生资助政策体系，健全资助标准动态调整机制，努力提高精准资助、资助育人的科学化水平，加快推动学生资助工作高质量发展”[①]。

第二节　新时代高校资助育人的使命担当

习近平总书记在党的二十大报告中指出：“坚持以人民为中心发展教育，加快建设高质量教育体系，发展素质教育，促进教育公平。”[②]《高校思想政治工作质量提升工程实施纲要》亦明确指出，要充分发挥课程、科研、实践、文化、网络、心理、管理、服务、资助、组织等方面工作的育人功能，构建“十大”育人体系。其中在资助育人体系中，要“构建物质帮助、道德浸润、能力拓展、精神激励有效融合的资助育人长效机制，实现无偿资助与有偿资助、显性资助与隐性资助的有机融合，形成‘解困—育人—成才—回馈’的良性循环，着力培养受助学生自立自强、诚实守信、知恩感恩、勇于担当的良好

①奋力书写人民满意的学生资助答卷——党的十八大以来学生资助改革发展成就[EB\OL].(2022-8-30).http://www.moe.gov.cn/fbh/live/2022/54709/sfcl/202208/t20220830_656378.html.

②习近平.高举中国特色社会主义伟大旗帜 为全面建设社会主义现代化国家而团结奋斗:在中国共产党第二十次全国代表大会上的报告[M].北京:人民出版社,2022: 34.

品质”①。由此可知,新时代高校资助育人的时代使命在于培养受助学生的良好品质,形成高校资助育人工作体系的良性循环。

一、着力培养受助学生的良好品质

习近平总书记在教育文化卫生体育领域专家代表座谈会上指出:“我们要从党和国家事业发展全局的高度,全面贯彻党的教育方针,坚持优先发展教育事业,坚守为党育人、为国育才,努力办好人民满意的教育,在加快推进教育现代化的新征程中培养担当民族复兴大任的时代新人。”②这一重要论述,深刻回答了党在新时代“培养什么人、怎样培养人、为谁培养人”的根本问题,为新时代中国特色社会主义的人才培养指明了方向。在此背景下,高校资助育人工作始终坚持物质帮助、道德浸润、能力拓展、精神激励相结合,紧紧围绕“立德树人”这一根本任务,培养学生自立自强、诚实守信、知恩感恩、勇于担当的良好品质。

(一)自立自强品质

“天行健,君子以自强不息。”自立自强是中华民族几千年来的传统美德,它具体表现为个体在学习生活中充分发挥主观能动性,具有独立自主的信念,不怕困难,不受外界或他人影响,勤奋进取,积极向上的精神状态。由于高校资助育人有助于培养受助学生的自立自强品质,因此,各高校应以党和国家的政策为引领,着力开展励志教育,培养学生艰苦奋斗、自立自强的优良品质。

首先,应发挥勤工助学的作用。在高校资助育人政策中,勤工助学政策是培养学生自立自强品格的最有效方式。1993年,国家教委、财政部下发《关于进一步做好高等学校勤工助学工作意见的通知》,勤工助学开始成为高等学校一项重要的常规工作,其主要方式是学校在不影响正常教学秩序和学生正常学习的前提下,组织学生利用课余时间通过劳动取得合法报酬。

① 中共教育部党组.关于印发《高校思想政治工作质量提升工程实施纲要》的统治[EB\OL].(2017-12-05).http://www.moe.gov.cn/srcsite/A12/s7060/201712/t20171206_320698.html.

② 习近平.在教育文化卫生体育领域专家代表座谈会上的讲话[N].北京日报,2020-09-22.

通过勤工助学活动,培养学生艰苦朴素、勤俭节约、吃苦耐劳的良好品格,同时付出劳动才能获得报酬,有利于引导学生树立正确的劳动观念,努力成为有担当、能吃苦、肯奋斗的时代新青年。其次,应发挥励志榜样的示范作用。近朱者赤,近墨者黑。榜样的示范作用对学生有直接的影响,故学校可通过宣传各类奖学金获得者、自强不息学子的案例,为学生提供学习典范,以发挥榜样示范的积极作用。再次,应积极开展励志教育主题活动,如开展红色文化主题教育,引导学生了解并学习老一辈革命家的自立自强、艰苦奋斗、开拓进取的精神,引导其树立远大理想、奋发向上、回报祖国。最后,要强化统筹协同,形成多方主体合力。应充分发挥资助育人工作管理者、辅导员、专任教师以及学院领导的力量,如资助育人工作管理者可充分利用学院优势,策划各种励志教育主题活动;辅导员可利用与学生面对面交流的机会,及时掌握学生的需求以及思想动态,引导学生发现自我闪光点,树立自信;专任教师则可利用课程思政的方式发挥育人作用,熟悉并解读资助政策,为学生解决困惑,激励学生在学习中积极进取。

(二)诚实守信品质

诚实守信是高等教育的重要内容,也是高校资助工作的基本原则。诚信作为一种社会道德,它是人与人之间进行交往的基础,是个人安身立命的根本。诚信,就是要做到诚实不欺、恪守信用、言行一致。培养学生的诚实守信品质,既有利于当前社会主义精神文明建设,提高社会文明程度,亦有利于践行和落实社会主义核心价值观。由于高校资助工作难以对家庭经济困难学生的认定做出准确判断,因此学生自身的诚信意识培养就显得格外重要。为此,高校资助育人要注重培育学生诚实守信的优良品质。

由于学生贷款是信用贷款,不需要任何抵押担保,因此客观上存在较大的信用风险。所以各高校首先要做好宣传和教育活动,可通过开展座谈会、宣讲会和发放学生贷款宣传材料等方式,对资助对象进行贷款诚信教育和知识普及。同时也可联合高校学工部门,通过举行演讲、征文、短剧等丰富多彩的活动,深入开展诚信教育主题活动,让他们认识到贷款违约的后果,以培养他们的诚信意识,引导其树立信用观念。例如,东北林业大学为深入开展学生诚信教育活动,在贷款学生毕业前,组织其观看《贷款助学、信用助人》诚信宣传片，举办诚信还款理财知识讲座，印刷《诚信还款指南》手册，教会学生珍惜个人良好的信用记录，通过掌握理财知识诚信还款；[①]兰州大学举办金融知识竞赛，提升学生金融素养，举办诚信书画展，让学生通过书法、绘画加深对诚信的认识，增强学生诚信意识。[②]其次，要建立诚信档案，对学生所申报的家庭经济信息进行有效验证，形成良好的诚信约束机制，让学生自觉形成诚实守信的良好品质。最后，要以诚信还贷服务为载体，组建“诚信教育讲师团”，定期开展诚信巡讲活动，健全社会实践、校园文化等多元育人平台。如华东师范大学构建了高校国家助学贷款“五三三”管理模式，即申贷管理、在校生贷后管理、还贷管理、代偿补偿及诚信管理“五位一体”的信息化管理模式，学校、院系、银行相互联系沟通的“三级联动”责任预警机制，在入学、贷款后、毕业前通过各种形式对学生进行诚信教育的“三过程”诚信育人机制，将“感恩、诚信、自立、责任”理念植入学生心中。[③]

（三）知恩感恩品质

高校在开展资助育人过程中，应充分利用情景优势、代入优势和过程优势，让学生产生强烈的情感共鸣和心理认同，从而引导学生产生感恩意识，心存感恩、知恩图报。

首先，要教育学生“爱祖国”，回报党和社会的关心。我国现行的学生资助体系中，一直是以国家的政府行为和投入保障为主，体现了党和国家对大学生健康成长成才的关心关爱，彰显了党和国家对促进教育公平和社会公平的决心和信心。因此，各高校在资助育人过程中，一方面要提高学生锻炼本领、服务国家的意识，从而激发其家国情怀；另一方面要注重开展党史教育，引导学生爱党爱国。其次，要教育学生“爱父母”，回报父母养育之恩。高校资助育人的目的是助力学生“成人”，因此必须立足弘扬中华美德，开展感恩教育和亲情教育。可通过开展“一封家书”或“送一份祝福”等主题活

---

① 东北林业大学“三阶段式”诚信教育见实效[EB\OL].(2013-08-01).http://www.moe.gov.cn/jyb_xwfb/s6192/s133/s163/201308/t20130801_154940.html.

② 兰州大学“四＋”模式推进资助育人[EB\OL].(2018-10-23).http://www.moe.gov.cn/jyb_xwfb/s6192/ s133/s220/201810/t20181023_352458.html.

③ 华东师范大学创新资助管理机制 提升学生资助管理水平[EB\OL].(2011-03-17).http://www.moe.gov.cn/jyb_xwfb/s6192/s133/s169/201103/t20110317_115988.html.

动，使学生参与其中，反思自己的学习及生活，体会到父母的不容易，感恩其养育之恩。再次，要教育学生“爱母校”，回报学校培育之情，其中最关键的是“认同学校、认同校本文化”。可通过高校资助育人，将学校精神进一步传递给受助学生，达到事半功倍的教育效果，即各高校可利用宣传栏、广播站等舆论阵地，营造学校良好的精神文化氛围，让学生在潜移默化中认同学校、认同学校文化。最后，要教育学生“爱他人”，回报他人的友善之意。资助育人本来就是一个物质帮助的过程，同时也是一种精神关爱的传递。因此，在资助育人过程中，要让学生认识到对他人的关爱和尊重就是对自我的一种帮助和深化，应不断传递这种关爱，让更多需要帮助的人得到帮助。

（四）勇于担当品质

青年强则国强，青年有担当，民族有未来，国家有希望。青年勇于拼搏、充满活力，国家才能有向前发展的不竭动力。对此，毛泽东同志强调：“世界是你们的，也是我们的，但归根结底是你们的，你们青年人朝气蓬勃，正在兴旺时期，好像早晨八九点钟的太阳，希望寄托在你们身上。”[①]这一重要论述明确了青年的使命担当，对于高校资助育人的受助学生而言，更应时刻铭记责任，勇担使命，以回馈党和国家的深切关怀与大力栽培。为此，各高校应积极培养学生勇于担当的品质。

首先，要引导学生积极参与实践活动，引导其在深入认识世界与积极改造世界的过程中，不断提升自身的思想觉悟与能力素养，不断提升担当精神、锤炼担当本领。如可通过搭建多元化志愿服务活动，积极组织学生到基层开展实践体验活动，引导学生由受助到自助，再到助人的角色转换。其次，要积极宣传榜样人物。习近平总书记指出：“心有榜样，就是要学习英雄人物、先进人物、美好事物，在学习中养成好的思想品德追求。”[②]为此，各高校可积极引导学生学习榜样人物的典型事迹，同时设立“大学生自强之星标兵”等奖项，潜移默化地对学生产生影响。最后，要组建学生自我管理、自我

---

① 李达.李达全集(第十九卷)[M]. 北京: 人民出版社, 2016: 455.

② 习近平.从小积极培育和践行社会主义核心价值观——在北京市海淀区民族小学主持召开座谈会时的讲话[N].人民日报,2014-05-31.

服务组织，实施责任认定机制，以提升学生的责任感和使命感，引导学生将中国梦与个人梦紧密联系，强化使命担当。

二、形成新时代高校资助育人的良性循环

高校资助育人的目的在于助力学生成长、成人和成才，新时代高校资助育人需落实发展性资助，形成物质帮助、道德浸润、能力拓展、精神激励为一体的资助模式，实现受助、自助、助人的转变，践行“解困—育人—成才—回馈”的良性循环路径，最终提高高校思想政治工作质量。

（一）解困保障

解困，主要是指帮助家庭经济困难学生解决学习和生活方面的经济困难，使其享有公平受教育的机会，它是高校学生资助工作的基本功能，也是育人成才的基础。高校学生资助工作需对家庭经济困难学生进行精准认定，在此基础上完成解困任务，进而实现资助育人目标。近年来，《教育部办公厅关于进一步加强和规范高校家庭经济困难学生认定工作的通知》《教育部等六部门关于做好家庭经济困难学生认定工作的指导意见》等文件的出台为高校家庭经济困难学生的认定提供了有力指导。为此，各高校应积极根据相关政策开展资助育人工作。

首先，全面、真实掌握学生家庭经济信息是认定的基本前提。各高校需完善家庭经济困难学生认定信息采集指标体系，要将家庭经济因素、特殊群体因素、地区经济社会发展水平因素、突发状况因素、学生消费因素以及其他影响家庭经济状况的有关因素纳入认定依据，加强对家庭致贫原因指标和学生在校期间收支指标的采集和统计，既要准确找出“穷根”，又要掌握学生在校实际需求情况；而且还要了解家庭成员求学、患病等情况。尽可能细化每个指标内容，使认定结果更具体、更精确。其次，要充分利用大数据和智能化信息技术，全覆盖式采集高校家庭经济困难学生的基本信息，确保信息采集的全面性，并利用信息化技术进行动态化管理，对学生及其家庭的信息进行及时更新。最后，在对学生进行认定后，就要进行解忧助困，“不让一个学生因家庭经济困难而失学”。因此，各高校需不断完善优化按需资助体

系，应建立家庭经济困难学生的需求评估机制，合理划分困难类别等级，在此基础上对学生进行资助。此外，由于单纯的资金援助也难以全面满足学生的资助需求，因此，各高校应在定期为学生提供日常生活用品的基础上，增加对其身心健康的关注，或者在重要节庆日为其发放具有庆祝和纪念意义的衣物和食品，在换季前为其提供暖心的棉服和鞋帽；或者在考试前为其发放购书卡，在求职毕业季为其提供职业装或求职路途补助等，以此来满足学生的全面需求。

（二）育人保障

党的十八大以来，“育人”的价值导向逐步在学生资助工作中发挥重要的作用。陈宝生同志明确指出：“学生资助必须坚持育人导向，将育人作为资助工作的出发点和落脚点，构建物质帮扶、道德浸润、能力拓展、精神激励有效融合的长效机制。”[①]因此，资助育人工作，应更加关注家庭经济困难学生的发展性需求，建立更加完善、系统、协同的资助育人工作机制。

“立德树人”是教育的根本任务，也是高校的立身之本，展现了要以德为先的育人理念。“青年要把正确的道德认知、自觉的道德养成、积极的道德实践紧密结合起来，不断修身立德，打牢道德根基，在人生道路上走得更正、走得更远。”[②]因此，高校资助育人要坚持以立德为基础，首先，可通过显性灌输与隐性感染相结合，开展国学经典诵读、传统道德文化等课程加强学生对道德文化的认同教育，亦可通过创设情境，引导学生积极参加各类道德实践活动，引导家庭经济困难学生积极参与志愿服务活动、社会实践活动等，将道德认知转化为道德实践。其次，应充分发挥榜样的作用，积极营造多元主体典型示范的道德浸润环境，一方面要加强师德师风建设，要求教师严于律己，自觉做为学为人的表率，帮助学生扣好人生第一粒扣子；另一方面，要积极宣传道德模范典型，大力宣传社会公德、职业道德、家庭美德、个人品德领域的道德先锋模范，引导家庭经济困难学生树立爱国感恩、担当有为、甘于奉献、自强自立的道德情操。最后，要加强受助学生心理健康教育，关注学

① 陈宝生.进一步加强学生资助工作[N].人民日报,2018-03-01.

② 习近平.在纪念五四运动100周年大会上的讲话[M].北京:人民出版社,2019:11.

生全面健康发展。由于其成长环境的独特性，家庭经济困难学生在进入高等学校后，容易产生心理敏感等问题。因此，高校资助育人工作要全面掌握受助学生的心理状况，并通过心理测试、谈心谈话等方式，了解并掌握学生的心理变化情况，并有针对性地开展心理援助和帮扶活动，引导学生正确认识义和利、群和己、成和败、得和失。

（三）成才保障

“任何人的职责、使命、任务就是全面地发展自己的一切能力。”[①]因此，高校资助育人工作不仅要解决家庭经济困难学生的求学问题，还要解决其成长成才问题。可通过让学生提升自身能力，让大家共同享有人生出彩的机会，共同享有梦想成真的机会，共同享有同祖国和时代一起成长与进步的机会。[②]

家庭经济困难学生在自我提升中需要具备的基本能力素养，主要包括实践创新、职业发展和自我发展等能力。首先，各高校要始终坚持专门课程与全科教学相辅相成、选修课程与必修课程相互融合的原则，积极开发具有本校特色的校本课程，并不断完善相关课堂教学教材以及第二课堂实践体系，以确保学生能全面且深入地掌握专业知识。其次，在“大众创业、万众创新”的理念下，全国各地掀起了创新创业的新浪潮，这对学生的职业规划也有一定影响。由于家庭经济困难学生缺乏创新创业的条件支撑，因此，高校资助育人工作要通过开展创新课程、提供创新平台，借以提升学生的实践创新意识和能力，使家庭经济困难学生得以敢想敢做、想创会创。再次，由于解决家庭经济困难学生就业问题，是高校资助育人工作的重要目标，为此，各高校需强化学生的职业发展能力，包括语言沟通与合作能力、组织管理能力、计算机网络应用能力以及其他学科专业领域的常识性知识技能等。最后，要增强家庭经济困难学生的自我发展能力，使其通过自身努力将其对美好生活的向往变为现实。自我发展能力涵盖了多个维度，包括深入的自我认知、积极主动的自我学习能力以及高效的自我生活与交往能力等。为此，

① 韩庆祥、亢安毅.马克思开辟的道路——人的全面发展研究[M].北京:人民出版社,2005:328.

② 习近平.习近平谈治国理政[M].北京:外文出版社,2014:37.

各高校资助工作者应高度重视并尊重学生的个体差异性，致力于深入挖掘并激发其内在潜能。

（四）回馈保障

高校资助育人质量提升循环中的回馈环节，是我们培养学生成长成才的“最后一公里”，高校通过资助育人工作，将“扶困”与“扶志”相结合，培养学生的社会责任感。个人成才与学校发展之间是良性互动的关系，学校通过运用各种资源为学生成才奠定基础，而学生个人成才也可为学校发展提供反哺资源。因此，学生要在回馈社会、服务他人、回报国家的过程中，实现“他助—自助—助人”的良性循环。

培养学生成人成才，就需要培养学生的责任感意识、感恩意识，引导受助学生回馈社会，奉献社会。首先，高校要积极构建学生志愿服务平台，引导学生积极参与社会志愿服务，参加校内外公益活动，鼓励学生利用专业知识发挥自身特长。例如，师范生可以开展爱心支教活动，定期帮助边远地区的中小学生，对他们进行知识与心理的教育；医学生可以到社区为老年人进行“义诊”，为腿脚不方便的老人进行上门的医护指导；法学生可以对边远地区的人进行法律援助，帮助他们解决问题，维护自身权益。通过此类活动来提高学生的社会责任感，让其体会为他人服务的快乐，以增强受助学生的自我效能感。这样既提高了学生的专业素养，亦促使其实现了学以致用、回报社会。其次，将志愿服务时长纳入学生综合测评考核，作为奖助学金评选的重要指标，增强受助学生的感恩意识。在奖学金评选阶段，不仅要考查学生的学习成绩，同时也要将实践活动，特别是志愿服务活动纳入评选的范围，以此来引导受助学生回馈社会。再次，可通过营造成长回馈的校园氛围，邀请受助校友与家庭经济困难学生定期开展思想交流活动，通过相关案例，让受助学生在榜样引领下努力拼搏，积极回馈社会。最后，要完善感恩回馈渠道。部分受助学生在接受学校资助毕业工作后，愿意在自己的能力范围内去回馈学校。因此，各高校要积极完善回馈渠道，给受助学生提供回馈途径，让受助学生有机会回馈学校。

第二章 新时代高校资助育人的指导思想与政策依据

资助育人是高校人才培养工作的重要组成部分，也是社会民生领域的热点问题和人民群众关注的焦点问题。新时代，全面贯彻党的教育方针，落实立德树人根本任务，培养德智体美劳全面发展的社会主义建设者和接班人，必须进一步完善覆盖全学段学生资助体系，加快建设高质量教育体系，促进教育公平。面对新形势新要求，高校资助育人工作应始终坚持以马克思主义为指导，紧紧围绕“培养什么人、怎样培养人、为谁培养人”这个根本问题，深化教育教学改革，优化育人环境，创新育人机制，打造架起心灵沟通、精神激励、价值引领桥梁的资助育人系统，回应社会期待，促进高等教育高质量健康发展，实现社会主义人才培养目标。

第一节 高校资助育人的指导思想

新时代高校资助育人的指导思想是适应社会主义现代化建设的新要求，贯彻落实国家教育方针，针对高等教育发展的新形势和任务进行了调整和优化，深入体现了如何通过资助政策助力学生成长和发展，确保每一个学生都有机会接受高等教育，特别是家族经济困难学生。新时代高校资助育人始终坚持以马克思主义为指导，深入贯彻落实习近平总书记关于高校资助育人的重要论述，是构建新时代高校资助育人工作的两大核心要素。

一、始终坚持以马克思主义为根本指导

马克思主义是科学的、人民的、实践的、开放的理论。在人类思想史上，没有一种思想理论像马克思主义那样对人类产生了如此广泛而深刻的影响。恩格斯深刻指出：“马克思的整个世界观不是教义，而是方法。它提供

的不是现成的教条，而是进一步研究的出发点和供这种研究使用的方法。”[①]以中国式现代化全面推进中华民族伟大复兴，我们必须始终高扬马克思主义伟大旗帜，不断满足人们对美好生活的需要，不断展现人类社会美好前景。正如马克思所指出：“思想、观念、意识的生产最初是直接与人们的物质活动，与人们的物质交往，与现实生活的语言交织在一起的。人们的想象、思维、精神交往在这里还是人们物质行动的直接产物。”[②]这不仅深刻揭示了理念与人的物质生活之间不可分割的联系，也明确了新时代高校资助育人工作必须毫不动摇地坚持马克思主义的根本指导。

（一）马克思、恩格斯公平教育思想

马克思、恩格斯站在无产阶级和全人类的立场，为实现每个人自由而全面的发展的宏大目标，紧紧围绕工人阶级平等教育权的履行情况、公平教育对工人和工人阶级的重要意义、公平教育是马克思主义的价值目标、工人阶级获得公平教育的途径等问题进行了深入的阐述，形成了内涵丰富、目标明确、逻辑清晰的公平教育思想。马克思、恩格斯公平教育思想对于仍处于社会主义初级阶段的中国更好开展对高校家庭经济困难学生进行资助育人活动有着重要的现实指导意义。

第一，在资本主义社会，工人阶级的平等教育权受到强制剥夺。马克思、恩格斯站在广大工人阶级的立场，强烈批判资产阶级无情剥削和压迫工人阶级，使其处于极度贫困的艰难境地。在资本主义社会，资产阶级所宣扬的自由、民主、平等、公正、法治等价值理念相较封建社会、奴隶社会的专制、等级森严等具有极大的先进性。在资产阶级推翻封建社会的时期，这些理念的宣扬曾给广大民众造成了极大的迷惑性。但自资产阶级建立政权以来，这些价值理念实则为资产阶级独自享有的专属物，与无产阶级毫不相干。在资本主义社会，工人阶级只是资产阶级攫取剩余价值的工具，他们经常被盘剥得连生存都极度艰难，工人阶级所向往和期待的平等的教育权连同其他权利一样，被资产阶级赤裸裸地剥夺殆尽。尽管资产阶级也有开展

① 马克思、恩格斯.马克思恩格斯选集（第1卷）[M].北京:人民出版社,2012:664.
② 马克思、恩格斯.马克思恩格斯选集（第1卷）[M].北京:人民出版社,2012:151.

针对工人阶级的教育，但这种教育绝不是为了工人阶级的利益，也不能满足工人阶级自我发展的需求，对绝大多数人来说这种教育是把人训练成机器的教育，反倒使人的单面性、片面性特征更为凸显。而共产党人要做的就是“要使教育摆脱统治阶级的影响”[①]。

第二，公平教育对工人阶级的重要意义。马克思、恩格斯认为接受教育对于工人个人的发展以及工人阶级的发展及未来至关重要。他们认为教育是训练技能和学习知识的重要途径，工人只有通过接受教育提升劳动能力才能完成好具体的劳动。

教育是工人阶级实现全面发展的重要方式。实现工人阶级乃至全人类的解放，实现每个人自由而全面的发展是共产党人追求的宏伟目标。马克思、恩格斯认为教育融生产劳动、智育、体育为一体，是促使人获得全面发展的重要途径。马克思、恩格斯指出“从工厂制度中萌发出了未来教育的幼芽，未来教育对所有已满一定年龄的儿童来说，就是生产劳动同智育和体育相结合，它不仅是提高社会生产的一种方法，而且是造就全面发展的人的唯一方法”[②]。马克思、恩格斯认为资本主义制度下，受资本主义生产方式以及社会分工方式等多方面因素影响，个人只能奴隶般的服从分工，个人没有选择劳动的自由，人的发展具有片面性，是不自由的。而教育可以帮助人获得多领域的知识素养和多方面的能力提升，使其获得可以根据自己的兴趣爱好选择多样化劳动的可能，因而可以摆脱片面性，获得解放和全面发展。恩格斯在《共产主义原理》中指出：“教育将使年轻人能够很快熟悉整个生产系统，将使他们能够根据社会需要或者他们自己的爱好，轮流从一个生产部门转到另一个生产部门。……因此，教育将使他们摆脱现在这种分工给每个人造成的片面性。……这样一来，根据共产主义原则组织起来的社会，将使自己的成员能够全面发挥他们的得到全面发展的才能。”[③]

无产阶级的受教育水平决定着整个阶级的未来。马克思指出“最先进的工人完全了解，他们阶级的未来，从而也是人类的未来，完全取决于正在

① 马克思、恩格斯.马克思恩格斯选集(第1卷)[M].北京:人民出版社,2012:418.
② 马克思、恩格斯.马克思恩格斯全集(第23卷)[M].北京:人民出版社,1972:530.
③ 马克思、恩格斯.马克思恩格斯选集(第1卷)[M].北京:人民出版社,2012:308.

成长的工人一代的教育”[①]。所以，马克思、恩格斯非常重视教育，主张无产阶级在政治统治的过程中就应实现普遍的免费的教育，通过普及教育，提升无产阶级及全人类的整体知识素养和能力水平。

第三，公平教育是马克思主义的价值目标和追求。马克思、恩格斯指出“过去的一切运动都是少数人的，或者为少数人谋利益的运动。无产阶级的运动是绝大多数人的，为绝大多数人谋利益的独立的运动”[②]。为全世界被压迫和剥削的无产阶级乃至全人类谋求解放和利益是马克思主义的根本立场和目标。马克思在《国际工人协会共同章程》中说道：“工人阶级的解放斗争不是争取阶级特权和垄断权，而是要争取平等的权利和义务，并消灭一切阶级统治。”[③]马克思设想共产主义社会是一个自由人联合体，在这个理想的联合体中，没有剥削没有压迫，惠及绝大多数人的平等、公平、自由、全面发展的价值理念得以确立和实现。而教育公平是社会公平在教育领域的具体体现。教育是个人实现自由全面发展的重要手段，马克思、恩格斯预想在共产主义社会人们的教育权受到普遍的尊重和保障，任何人都可以获得普遍的免费的平等的教育，直到他们达到某种独立的年龄为止。恩格斯《在爱北斐特的演说》中，主张“由国家出资对一切儿童毫无例外地实行普遍教育，这种教育对任何人都是一样，一直进行到能够作为社会的独立成员的年龄为止”[④]。恩格斯在《共产主义原理》中指出，无产阶级的政治统治期间在教育方面应采取的措施是：所有的儿童，从能够离开母亲照顾的时候起，都由国家出钱在国家设施中受教育。把教育和生产结合起来。[⑤]在《共产党宣言》中，对公平教育的追求更是以党纲的庄严方式确认：“对所有的儿童实行公共的和免费的教育。”[⑥]恩格斯还在《关于共产主义同盟的历史》中指出为了德国无产阶级、小资产阶级和小农的利益，必须尽力争取实行普遍的免费的

① 马克思、恩格斯.马克思恩格斯全集(第16卷)[M].北京:人民出版社,1964:217.
② 马克思、恩格斯.马克思恩格斯选集(第1卷)[M].北京:人民出版社,2012:411.
③ 马克思、恩格斯.马克思恩格斯选集(第3卷)[M].北京:人民出版社,2012:171.
④ 马克思、恩格斯.马克思恩格斯全集(第2卷)[M].北京:人民出版社,1957:614.
⑤ 马克思、恩格斯.马克思恩格斯选集(第1卷)[M].北京:人民出版社,2012:305.
⑥ 马克思、恩格斯.马克思恩格斯选集(第1卷)[M].北京:人民出版社,2012:422.

国民教育。[①]

第四,工人阶级获得公平教育的途径。马克思、恩格斯认为在资产阶级为统治阶级的资本主义社会是不可能实现公平教育的,因为资产阶级是利己主义的代言人,他们坚定的利己观念会使其采取一切手段维护统治阶级的利益。那么无产阶级寻求公平教育有望吗?马克思、恩格斯认为只有推翻资产阶级的统治,由无产阶级夺取政权,无产阶级所渴求的各方面的平等权利才能实现。对于资产阶级和无产阶级的发展走势,马克思、恩格斯提出了著名的两个不可避免理论,认为资产阶级的灭亡和无产阶级的胜利是同样不可避免的。资产阶级对无产阶级的过度压迫使得无产阶级的处境越来越不堪忍受,进而激发起无产阶级普遍的革命热情。随着无产阶级力量的不断壮大,资产阶级一定会遭受无产阶级的强力合力反抗,资产阶级必将成为自己的掘墓人。但对于两个不可避免的实现,马克思、恩格斯认为这不是短期内就可以轻易实现的。据此,他又提出了两个绝不会理论,即认为只有在“无论哪一个社会形态,在它所能容纳的全部生产力发挥出来以前,是决不会灭亡的;而新的更高的生产关系,在它的物质存在条件在旧社会的胎胞里成熟以前,是决不会出现的”[②]。当然即便条件和时机成熟,资产阶级也不会自动退出历史舞台,此时,全世界无产阶级应该团结起来,以暴力革命的方式推翻资产阶级统治,消灭私有制,跟传统的所有制关系和传统的观念作最彻底的决裂,建立无产阶级政权,这样一切剥削、压迫、阶级对立、不平等、不公正都将随着资产阶级的消亡而进入历史的垃圾堆。恩格斯在《共产主义原理》中指出“通过消除旧的分工,通过产业教育、变换工种、所有人共同享受大家创造出来的福利,通过城乡的融合,使社会全体成员的才能得到全面发展,——这就是废除私有制的主要结果”[③]。

(二)马克思、恩格斯对困难家庭的论述

马克思、恩格斯关于困难家庭有诸多论述,尤其是在探究困苦的根源与解决之道中,马克思、恩格斯的视角独树一帜,为我们深刻理解经济生活贫

① 马克思、恩格斯.马克思恩格斯选集(第4卷)[M].北京:人民出版社,2012:209.

② 马克思、恩格斯.马克思恩格斯文集(第2卷)[M].北京:人民出版社,2009:592.

③ 马克思、恩格斯.马克思恩格斯选集(第1卷)[M],北京:人民出版社,2012:308-309.

困提供科学指导。

马克思、恩格斯不是将贫困作为一般的孤立的社会问题来对待，而是把它解读为资本主义系统内在矛盾的直接展现。马克思、恩格斯认为，资本主义生产模式下，工业革命使劳动者变成一种可交换的商品，并受制于基于工资的劳动体系，从而加剧了资本积累与无产阶级贫困之间的矛盾。资产阶级与无产阶级之间的对立不断加剧，经济危机的周期性爆发成为贫困现象的关键催化剂。这就揭示了资本主义体制下，劳动者贫困的结构性原因。而在解构贫困问题及其成因方面，马克思、恩格斯在其理论发展的深入阶段，提出了资本积累和剩余价值的剥削机制。马克思、恩格斯对困苦的论述，不仅是对当时无产阶级困境的深刻揭露，也为后来的社会运动和思想发展提供了理论的指南针，持续影响着人们对社会正义和平等的追求。马克思、恩格斯对困苦的分析为我们提供了深刻的思考角度，高校资助育人政策正是在现实中对抗教育不平等、削减困苦的具体实践。通过这一政策的实施，不仅可以帮助家庭经济困难学生完成学业，更是在逐步推动社会向更加公平、合理的方向发展。尽管高等教育普及化的趋势不断加强，但教育资源分配的不均等问题依然突显，从一个侧面反映了社会的阶级结构和经济差异。通过国家与高等教育机构共同努力，通过奖学金、助学金、学费减免等多种经济支持措施，不仅从经济角度消除了低收入家庭学生接受高等教育的障碍，同时在社会层面上为其搭建了一个相对公平的竞争平台。

(三)列宁教育公平思想

列宁曾多次出席苏俄的教育部门工作会议，并发表了一系列关于教育的重要讲话。在他看来，发展教育事业、促进教育公平对于十月革命后苏俄经济的复苏、摆脱文化贫困有着重要的促进作用。十月革命前，列宁曾在《修改党纲的材料》中强调了关于教育的相关问题：一是要对所有未成年儿童实行义务教育和开展综合技术教育，使他们能更大地满足各生产领域的工作需求。二是国家通过提供伙食、服饰、教材等满足广大学生的基本生活和受教育需求。三是地方自治民主机关负责国民教育的管理、学校享有拟定教学大纲和选择教学人员的自主权、居民有权解聘不称职的教师。此时列宁已经开始初步探讨普及国民教育、促进教育公平等方面的内容。十月革命胜利后,列宁着手起草并制定教育工作纲领。1919年2月,他在《俄共(布)纲领草案》中针对发展教育事业提出了更为详细的措施和目标,他提出,学校不仅要传播好共产主义理论,还要将无产阶级在思想、组织、教育等方面的影响传递范围增广,“以培养能够最终实现共产主义的一代人”①。列宁根据当时苏俄的实际国情,提出了一系列发展教育事业、促进教育公平的具体措施:

第一,大力开展扫盲运动,普及国民识字教育。十月革命以前,俄国民众普遍文化水平低,文盲多,识字率低。列宁曾在《论国民教育部的政策问题》中提到,像俄国这样民众被剥夺掉接受教育和获取文化知识的基本权利的愚昧和野蛮国家,在欧洲只有俄国,其他再找不出另外一个。大力开展扫盲工作,提高人民群众的文化教育水平,是巩固新生苏维埃政权的基本前提。1919年12月26日,列宁签署了扫盲法令,作出明确规定:国内凡年满8至50岁的居民均有识字义务,享有语言学习的自由选择,这为全国的扫盲工作提供了基本的法律保障。在列宁的领导下,全国各地的基层组织均纷纷加入扫盲运动。共产党员和红军也加入了扫盲队伍,他们开办了学校,招收文化水平低的工人、农民等群众。1922年,苏俄在校受教育人口达到46万,居民识字水平得到了显著的提升。

第二,改革教育体制,发展综合技术教育。改革教育体制是提高人才培养水平、发展教育的重要环节。资本主义社会的教育目的是培养资产阶级的“奴仆”,其教学方法老套,脱离生活实际,学校成为资产阶级谋求私利、施行思想奴役的政治工具。十月革命后,为彻底摆脱旧社会带来的文化困境,培养建设社会主义共产主义者,列宁提出要合理借鉴国外关于教育工作的先进经验,对学校的行政制度、教育运行机制及资源配置等进行系列改革,提出要发展综合技术教育。在1920年12月底至1921年初的国民教育大会上,列宁提出要全力推行和普及综合技术教育。他要求将实施职业综合技术教育的学龄从之前确定的十七岁降低到十五岁。在筹备会议及会议进行

①列宁选集(第三卷)[M].北京:人民出版社,2012:725.

期间，列宁还着重阐释了综合技术教育的内容以及推进综合技术教育的方法，规定综合技术教育不仅应包括电力、机械相关内容，而且还要涵盖化学以及农业学等方面的知识。学生通过学习能掌握工农业生产的基础知识和相关技能，能达到自由地在各生产部门切换工作的目的。

第三，提升教师地位，保障教师待遇。教师是社会主义教育事业的核心力量。十月革命取得胜利之初，在资本主义文化下成长的大部分教师存有资产阶级的偏颇观点，他们对社会主义革命表示抵触，在工作中甚至出现集体怠工的情况。但是，巩固苏维埃政权、推进社会主义建设又特别需要教师来传授文化知识。因此，列宁提出，要保证大部分教师坚定、正确的共产主义政治立场，确保他们当中不存在资产阶级反革命分子。十月革命前，列宁曾对当时俄国政府给予教师的微薄待遇进行了深刻批评，他甚至指出："俄国教师像兔子一样被俄国政府'追逐得筋疲力尽'！"[①]十月革命后，在他的领导下，苏维埃政府实施了一系列提高教师社会地位、保障教师待遇以团结教师队伍的策略，如改善教师物质生活条件、增加工资收入、选拔部分优秀的教师担任管理干部等，动员教师主动参与到社会主义建设事业当中来。在这些政策的激励下，广大教师目睹了社会主义带来的优秀成果，并且享有了社会主义国家给予的福利，他们逐步产生了对社会主义的信心，转而积极热情地投入教育事业，为建设社会主义做出了杰出贡献。

第四，发展农村文化建设，增强农民政治意识。从历史发展进程来看，城市的文化水平一般都要高于农村，在现代化进程中更为明显。为帮助广大农村改变其文化上愚昧落后的状态，列宁主张要通过"建立城乡间的交往"[②]"城市工人支援农村居民"[③]来消除城乡对立。他在1923年1月的《日记摘录》中提出了具体的措施：一是有计划地推动城市下农村的事业，动员广大国家机关工作人员和工人下到农村去帮助发展农业生产，提升农民的文化水平，传播共产主义思想，增强农民的共产主义意识。二是利用城市和乡村的党支部进行交流，建立起城乡之间的文化联系。城乡支部间构建起一

①列宁全集(第二十三卷)[M].北京:人民出版社,2017:117.

②列宁全集(第四十三卷)[M].北京:人民出版社,2017:363.

③列宁全集(第四十三卷)[M].北京:人民出版社,2017:363.

对一的文化精准扶贫关系，每一个“分配”到农村支部的工人想尽一切办法、采取一切措施来满足其交流到的农村支部的文化需要。与资本主义制度下城市带给农村的破坏性影响比较，俄共(布)执政下的城乡交流“带有自觉性、计划性和系统性”，这种“城乡的文化联系自然而然地、必然地具有另一种性质”[①]，体现出更大的文化教育公平。

(四)毛泽东教育公平思想

毛泽东没有专题论述高校资助育人工作，但毛泽东教育公平思想为新时代做好高校资助育人工作提供了理论遵循和方法论指导。毛泽东教育公平思想的生发深受马克思主义平等思想影响，始终坚持“人民至上”的鲜明立场，强调教育要为人的个性解放与全面发展而服务，其中也浸染着中华优秀传统文化的民本观念与大同思想，毛泽东曾充分肯定包括“孔子的有教无类”等在内的“中国教育史有人民性的一面”[②]。同时，毛泽东在青年时期的平民教育和游学实践中深刻体悟到近代中国教育的极度不公平、不均衡状况，他在《湖南农民运动考察报告》中就指出“中国历来只是地主有文化，农民没有文化。可是地主的文化是由农民造成的，因为造成地主文化的东西，不是别的，正是从农民身上掠取的血汗。……中国有百分之九十未受文化教育的人民，这个里面，最大多数是农民”[③]。哪怕是国民党，也在“施行愚民政策，将工农群众排除于教育之外”[④]。社会文化教育水平两极分化的残酷现实激励着毛泽东探索推进教育公平的可能性道路。

第一，在捍卫党的教育领导权基础上保障人民群众接受教育的公平权利才能确立教育公平的起点。毛泽东认为教育公平图景只有坚持社会主义方向才能实现，这就要求在实际工作中必须贯彻马克思主义和中国共产党对文化教育事业的绝对领导。中国共产党作为“为绝大多数人谋利益”[⑤]的马克思主义政党，以全心全意为人民服务为宗旨，具有打破教育垄断、推进

①列宁全集(第四十三卷)[M].北京:人民出版社,2017:364.

②毛泽东文集(第7卷)[M].北京:人民出版社,1999:398.

③毛泽东选集(第1卷)[M].北京:人民出版社,1991:39.

④毛泽东论教育(第3版)[M].北京:人民教育出版社,2008:4.

⑤马克思恩格斯选集(第1卷)[M].北京:人民出版社,2012:411.

教育公平的理论前提和组织条件。因此毛泽东强调社会主义教育事业必须由党来领导，坚持社会主义的办学方向。同时，毛泽东注重人民群众在实现教育公平过程中的主体地位。他深刻指出："人民，只有人民，才是创造世界历史的动力。"[①]基于此，毛泽东在思考如何落实人民群众在教育公平中的主体地位时，始终坚持不分民族、地位、性别等差别，在受教育权利和义务上，绝大多数人民群众都应享有同等待遇。早在苏区时期，毛泽东就提出了"厉行全部的义务教育"和"发展广泛的社会教育"的文化教育政策，目的在于"使广大中国民众都成为享受文明幸福的人"[②]。延安时期，毛泽东又进一步阐明了新民主主义文化的大众化方向，"应为全民族中百分之九十以上的工农劳苦民众服务，并逐渐成为他们的文化"[③]。在这一思想指引下，中国共产党领导的各革命根据地实行了大力发展文化教育的政策，全民都有接受教育的权利与机会。新中国成立后，毛泽东为《人民教育》杂志题词时指出在全国范围内"恢复和发展人民教育是当前重要任务之一"[④]。1954年，毛泽东参与编写颁布的新中国第一部宪法以法律条文的形式对人民受教育的权利做出了明确规定："中华人民共和国公民有受教育的权利。国家设立并且逐步扩大各种学校和其他文化教育机关，以保证公民享受这种权利。"

第二，在普及基础教育的基础上深化教育体制改革实现教育质量的提高是夯实教育公平的关键路径。革命时期毛泽东反复强调"健全正规学制，普及国民教育"[⑤]的重要性。新中国成立后，毛泽东进一步明确提出，今后的教育工作的方针是普及与提高的正确结合，即在提高指导下普及，在普及的基础上提高。面对新中国成立初期近80%文盲率的国民素质状况，毛泽东尤为强调教育的普及，倡导通过开展大规模的识字扫盲运动来提高人民的文化知识水平，从解放初期到1964年，全国各地通过扫盲班、学习小组、业余学习班以及速成识字法等班组学习方式，累计扫除文盲1亿多人，创造了15

①毛泽东选集(第3卷)[M].北京:人民出版社,1991:1031.

②毛泽东论教育(第3版)[M].北京:人民教育出版社,2008:7.

③毛泽东选集(第2卷)[M].北京:人民出版社,1991:708.

④毛泽东论教育(第3版)[M].北京:人民教育出版社,2008:223.

⑤毛泽东文集(第2卷)[M].北京:人民出版社,1993:336.

岁以上人口文盲率从80%下降到52%的历史性成就，初步实现了文化知识的普及任务。在普及教育的过程中，毛泽东意识到单靠相对落后的基础教育难以实现真正的教育公平，因此他强调应根据“人民的需要和自愿的原则，采用适宜的内容和形式”①不断提高教育质量，采取民办与公办相结合的教育机制，既要发挥公办教育优势，又要激发人民群众自主办学的热情，尊重人民群众的自主选择权和多样化需求，这进一步深化了关于教育公平问题的理论思考与实践探索。中共中央在这一思想的指导下发布了《关于教育工作的指示》，其中提出：“办学的形式应该是多样性的，即国家办学与厂矿、企业、农业合作社办学并举，普通教育与职业（技术）教育并举，成人教育与儿童教育并举，全日制学校与半工半读、业余学校并举，学校教育与自学（包括函授学校、广播学校）并举，免费的教育与不免费的教育并举。”②此后，毛泽东也不断根据社会现实情况需要改革教育机制，为促进我国教育公平创造条件。

第三，培养自由全面发展的社会主义劳动者，既是毛泽东教育公平思想的逻辑起点，更是其理论旨归。马克思在《资本论》中指出追求教育公平的未来教育“就是生产劳动同智育和体育相结合，它不仅是提高社会生产的一种方法，而且是造就全面发展的人的唯一方法”③。毛泽东继承和发展了这一观点，早在青年时期就提出了“三育并重”“身心并完”的观点。新中国成立后，毛泽东对于教育公平目标问题的思考走向深入，他在《关于正确处理人民内部矛盾的问题》中提出“我们的教育方针，应该使受教育者在德育、智育、体育几方面都得到发展，成为有社会主义觉悟的有文化的劳动者”④。1958年，毛泽东又提出“教育必须为无产阶级政治服务，必须同生产劳动相结合”⑤。他所主张的全面发展是“要使学生得到比较完全的和比较广博的知识，发展健全的身体，发展共产主义的道德”⑥。1964年，毛泽东意识到各地学生学习任务过重，不利于全面发展，因此他强调要减轻学生负担，“培养

①毛泽东选集(第3卷)[M].北京:人民出版社1991:1091.

②建国以来重要文献选编(第11册)[M].北京:中央文献出版社,1995:493-494.

③资本论(第1卷)[M].北京:人民出版社,2004:557.

④毛泽东文集(第7卷)[M].北京:人民出版社,1999:226.

⑤毛泽东论教育(第3版)[M].北京:人民教育出版社,2008:291.

⑥毛泽东文集(第7卷)[M].北京:人民出版社,1999:399.

青年们在德智体诸方面生动活泼地主动地得到发展”[①]。质言之，毛泽东教育公平思想是对马克思主义人的全面发展学说的继承和发展，主要将教育与生产劳动相结合作为实施全面发展教育的根本途径，其目的在于培养中国革命和社会主义建设所需要的全面发展的人。

（五）中国特色社会主义教育公平思想

“文化大革命”结束以后，邓小平着手把恢复高考制度提上日程，并谋划高等教育发展，尤为重视教育公平问题。邓小平尤为重视入学的公平性，并在高等教育招生制度方面采取了重要措施。例如：高考招生制度的恢复标志着在分数面前人人平等。同时，针对农村地区放宽招生标准，旨在缩小城乡教育差距，推动资源合理配置，让更多农村学生享有平等入学机会。

第一，恢复高考招生制度，反对各种形式的教育特权。在改革开放前夕，党中央决定恢复高考招生制度，重申了以分数为标准的公平选拔原则。1977年邓小平同志在科学和教育工作座谈会上指出：“今年就要下决心恢复从高中毕业生中直接招考学生，不再搞群众推荐。”[②]此举不仅标志着教育制度的重要转折，更是社会功能恢复和秩序重塑的关键一步。恢复高考招生制度，特别是引入自愿报名、统一考试的方式，为教育公平的发展奠定了坚实基础，确保了从受教育权利的保障到教育机会和过程的全面公平。同时，放宽农村地区高等教育招生标准，资源向社会弱势群体倾斜。《中共中央、国务院关于加强和改革农村学校教育若干问题的通知》指出要改革高等学校的招生制度，打开人才通向农村的路子。针对农村的包括林区、牧区、渔区、垦区职业中学毕业生，报考专业对口的全日制高等学校，文化课要求可适当降低。报考专科的，可免试外语。通过放宽对农村地区的招生要求，为农村学生提供了更多的入学机会，有助于缩小城乡间教育差距，推动教育资源的合理配置。

第二，统筹谋划高等教育发展，不断促进教育公平。改革开放以后，虽然教育总体上快速发展，但也存在一些不平衡不充分问题，特别是贫困地区

①毛泽东论教育(第3版)[M].北京：人民教育出版社，2008:308.

② 邓小平文选(第二卷)[M].北京：人民出版社，1994:55.

贫困家庭的高等教育发展还相对滞后。人才受制于经济条件,无法充分发挥个人的重要作用。因此,邓小平提出要加大教育资金向贫困薄弱地区倾斜,强调:“要从科技系统中挑选出几千名尖子人才。……这些人挑选出来之后,就为他们创造条件,让他们专心致志地做研究工作。……生活有困难的,可以给津贴补助。”①其目的就是为贫困家庭中的知识科研人才可以减轻负担地接受高等教育,安静读书精心科研,从而出成果,造福社会和国家。同时,邓小平十分重视教师的培养,特别是高等院校从事科研任务的教师。他认为:“在学术上,只要有创造,有贡献,就应该评给相应的学术职称,不能论资排辈。”“在一个学校里,好的教授的工资可以比校长高。这样才能鼓励上进,才能出人才。”②这些都充分体现了对教师教育活动和科研活动的公平性。邓小平也多次强调要尊重教师并提高教师的待遇以调动其工作积极性,“要特别注意调动教育工作者的积极性,要强调尊重教师”③,“采取适当的措施,鼓励人们终身从事教育事业”④。此外,邓小平还强调教育资源和教育结果的公平性。邓小平指出:“教育还是要两条腿走路。……就高等教育来说,大专院校是一条腿,各种半工半读的和业余的大学是一条腿,两条腿走路。……在大专院校中先集中力量办好一批重点院校。……重点院校除了教育部要有以外,各省、市、自治区和各个业务部门也要有一点。”⑤教育结果的公平是应当因材施教,差异化教学才能使得培养的人才符合社会的需求,培养出高质量的人才。邓小平提出:“教育部直属重点大学,双重领导,以教育部为主。……学校每周学习时间多少,政治活动时间不能超过多少等等,这些都要具体化,教育部要干预。……人民大学是要办的,主要培养财贸、经济管理干部和马列主义理论工作者。……师范大学要办好。省、市管的师范院校,教育部也要经常派人去检查。……不办好师范教育,教师就没有来源。”⑥另一方面则是根据专业类型的差异,实行不同学制。“大学学制

① 邓小平文选(第二卷)[M].北京:人民出版社,1994:40-41.
② 邓小平文选(第二卷)[M].北京:人民出版社,1994:224.
③ 邓小平文选(第二卷)[M].北京:人民出版社,1994:49-50.
④ 邓小平文选(第二卷)[M].北京:人民出版社,1994:109.
⑤ 邓小平文选(第二卷)[M].北京:人民出版社,1994:54.
⑥ 邓小平文选(第二卷)[M].北京:人民出版社,1994:69.

本科一般定为四年。……医科不同，可以长一些。……还有个别专业也可以长些。……所谓四年，基础课恐怕要两三年。……基础打得不好，搞科研是有困难的。”①高等院校根据院校和专业类型进行差异化人才培养，不仅能够帮助学生充分发挥自身优势，实现个人价值，还可以为社会培养多样化的人才，有利于实现教育结果的公平。

进入新世纪，以江泽民为主要代表的中国共产党人提出“科教兴国”战略，积极实施全民素质教育，以普及九年义务教育为核心，拓宽教育公平的实践之路。不仅如此，江泽民在强调坚持“四个统一”，注重培育学生的综合素质，将个人价值与国家和社会价值统一，将所学知识转化为实践能力的同时，还强调政府要兼顾贫困地区的经济和教育发展，并号召全社会为教育扶贫贡献力量。

第一，明确提出“科教兴国”的战略方针。1995年5月26日，江泽民在全国科学技术大会上正式宣布在全国实施科教兴国战略，并将此确定为重大的发展战略之一。“科教兴国，是指全面落实科学技术是第一生产力的思想，坚持教育为本，把科技和教育摆在经济社会发展的重要位置，增强国家的科技实力及向现实生产力转化的能力，提高全民族的科技文化素质，把经济建设转到依靠科技进步和提高劳动者素质的轨道上来，加速实现国家繁荣强盛。”①江泽民认为我国地域辽阔，人口众多，经济文化发展不平衡，使得教育发展极不平衡；区域、城乡、校际教育资源配置不同，有着明显的反差。因此，必须坚持教育公平的理念，把教育均衡发展作为战略性任务来抓，在财政拨款、学校建设、教师配置等方面向农村倾斜，更多地对革命老区、民族地区、边疆地区等老少边穷的贫困地区提供特殊政策，进行额外补助。

第二，采取多种形式保障贫困学生的受教育机会。江泽民在新的历史条件下继承、丰富了毛泽东教育思想，创造性地发展了邓小平教育思想，以与时俱进的科学态度，进一步阐明了我国社会主义教育事业在加快社会主义现代化建设中的重要地位与作用。江泽民指出：“各级政府要为受教育者提供尽可能公平的教育机会，尤其是要重视解决处境不利的地区和人群的

① 江泽民文选(第一卷)[M].北京:人民出版社,2006:428.

教育问题,增加对贫困地区和贫穷家庭的教育资助。”[①]江泽民曾作过这样一个十分经典和意义深远的论断,没有农业的现代化,就不可能有整个国民经济的现代化。只有农村经济发展了,实现并达到了小康水平,全国才是真正地实现了高水平全方位的小康。[②]江泽民指出:“要高度重视发展农村教育事业,我国十二亿人口,八亿多在农村。……广大农村人口能否接受良好的教育是一个直接关系到农村实现小康社会和现代化的大问题。……各级政府都要确保农村教育的投入并不断加大投入的力度。……国务院要继续对贫困地区发展农村义务教育给以必要的资助。[③]”

1991年11月,江泽民为“希望工程”题词:“支持希望工程关心孩子的成长。”他还多次为希望工程捐款,到贫困地区专门看望失学的孩子,并嘱咐一定要解决好失学问题。在高等教育领域,首开国家助学贷款之先河,形成“奖、贷、补、助、减”五位一体的高等教育资助体系,保障贫困大学生顺利完成学业。1996年4月16日江泽民为“国家贫困地区义务教育工程”题词:“认真实施教育扶贫工程大力提高中华民族素质”,并对搞好教育扶贫工程专门提出了要求。1999年,江泽民在第三次全国教育工作会议上再次专门重点谈到了关于贫困地区尤其是农村发展教育的问题。

进入新世纪新阶段,以胡锦涛同志为主要代表的中国共产党人坚持立党为公、执政为民,把促进公平作为国家基本教育政策,作出教育公平是社会公平的重要基础的重大判断,进一步强调各级党委和政府一定要把帮助困难家庭孩子上学作为关心群众切身利益的一项重要工作来抓,努力使困难家庭孩子都能有学上、有书读,让他们感受到党和政府的关怀,感受到社会主义大家庭的温暖。[④]

第一,教育公平的关键是机会公平。机会公平主要体现在入学的机会公平,教育过程的机会公平,教育结果的机会公平。对于受教育者来说,公平的教育机会是至关重要的,国家有义务采取种种保障措施,“优化教育结

---

① 江泽民文选(第二卷)[M].北京:人民出版社,2006:333.

② 江泽民文选(第一卷)[M].北京:人民出版社,2006:259.

③ 江泽民文选(第二卷)[M].北京:人民出版社,2006:333-334.

④胡锦涛.要把帮助困难家庭孩子上学作为关心群众切身利益的重要工作来抓[N].人民日报,2004-09-11.

构，促进义务教育均衡发展，加快普及高中阶段教育，大力发展职业教育，提高高等教育质量”，要“重视学前教育，关心特殊教育”①。在中共中央政治局第三十四次集体学习时胡锦涛同志强调，教育是一项民生工程，教育的发展不仅能为下一代的成长提供良好的条件，而且也体现了教育是为了人民的利益，让人民共享发展的成果。因此，“保证人民享有接受教育的机会，是党和政府义不容辞的职责”②。

第二，教育公平的一个重点就是扶持困难群众。困难群众即弱势群体。弱势群体是指在社会经济中处于弱势地位的人群。所谓弱势地位，主要表现是缺乏劳动能力，或在市场经济条件下，劳动能力落后，不能适应社会经济发展的新要求，在市场竞争中处于不利地位。针对这类人员的子女所面临的教育问题，胡锦涛同志指出：“要健全国家资助政策体系，逐步对农村家庭经济困难和城镇低保家庭子女接受学前教育予以资助，提高农村义务教育家庭经济困难寄宿生生活补助标准，改善中小学生营养状况，建立普通高中家庭经济困难学生国家资助制度，完善普通本科高校、高等职业学校、中等职业学校家庭经济困难学生资助政策体系，设立研究生国家奖学金，完善助学贷款体制机制。要进一步加大农村、边远贫困地区、民族地区教育投入，启动民族地区、贫困地区农村小学生营养改善计划，改善农村学生特别是留守儿童寄宿条件，努力不让一个孩子因家庭经济困难、就学困难或学习困难而失学。”③

二、深入贯彻落实习近平总书记关于高校资助育人重要论述

进入新时代，习近平总书记站在党和国家事业后继有人的高度，从强国建设、民族复兴的伟大使命出发，对高校资助育人工作提出了一系列重要论述，为深化高校资助育人工作改革，构建高质量的自主人才培养体系等指明了方向。

---

①胡锦涛.高举中国特色社会主义伟大旗帜为夺取全面建设小康社会新胜利而奋斗[N].人民日报,2007-10-25.

②胡锦涛在中共中央政治局第三十四次集体学习时强调：坚持把教育摆在优先发展战略地位努力办好让人民群众满意的教育[N].人民日报,2006-08-31.

③胡锦涛.在全国教育工作会议上的讲话[N].人民日报,2010-09-09.

(一)从国家战略层面深刻认识高校资助育人的重要意义

党的十八大以来,习近平总书记对扶贫工作作出一系列重要论述,把从国家战略高度强调了教育扶贫在脱贫攻坚战中的战略地位。习近平总书记指出,扶贫先扶志,扶贫必扶智。摆脱贫困不仅是摆脱物质上的贫困,更重要的是摆脱"人头脑中的贫困"即"意识贫困"和"思路贫困"。贫穷并不可怕,怕的是智力不足,头脑空空,怕的是知识匮乏,精神萎顿。脱贫致富不仅要注意富口袋,更要注意富脑袋。让贫困地区的孩子们接受良好教育,是扶贫开发的重要任务,也是阻断贫困代际传递的重要途径。习近平总书记强调,推进教育精准脱贫的重点是帮助贫困人口子女接受教育,阻断贫困代际传递,让每一个孩子对未来有希望。我国高校资助育人稳步推进,学生资助政策体系和体制机制不断发展和完善,在促进教育公平方面发挥了重要作用。高校资助育人作为教育扶贫的重要环节,将扶贫与"扶志""扶智"相结合,一方面,要完善家庭经济困难学生认定机制,做好认定工作,实行动态管理,及时将符合条件的学生纳入资助范围,切实保障他们平等接受教育的权利。另一方面,要将物质帮助与精神激励相结合,引导受助学生树立正确的人生观、价值观,提升受助学生的综合素质和发展能力,激发他们成长成才的内生动力。

2015年,在中央扶贫开发工作会议上,习近平总书记提出贫困治理的宏观策略,即解决贫困地区和贫困人口的问题,必须开对药方,根据具体情况对症下药,才能真正拔掉"穷根子"。按照贫困地区和贫困人口的具体情况,部署实施"五个一批"工程,其中就包括发展教育脱贫。2017年10月,习近平总书记在党的十九大报告中明确指出:"健全学生资助制度,使绝大多数城乡新增劳动力接受高中阶段教育,更多接受高等教育。"目前,我国已建立了"奖、贷、助、补、勤、减、免"的复合型资助政策体系,在制度上保证了贫困家庭子女平等接受教育。国家层面统一部署,地方政府全面推进,各高校兜底保障,推动了高校资助工作的完善和发展。在各项资助政策制定的过程中,无论是名额分配,还是资金拨付,都给予农村边远、贫困地区等适当倾斜。比如,在高等教育阶段,国家奖学金、国家励志奖学金、国家助学金,在名额分配时向以农林水地矿油核等艰苦行业所涉及的学科专业为主的高校予以适当倾斜;对到中西部地区和艰苦边远地区基层单位就业的中央高校应届毕业生,实行学费补偿或国家助学贷款代偿。同时,要将资助工作与学生思想政治教育、就业创业指导等有机结合,促进资助育人工作的协同联动、同向发力。

(二)从经济社会发展大局中科学把握高校资助育人的战略内涵

习近平总书记在贫困治理方面的讲话和指示精神,体现了中国共产党坚持以人民为中心发展思想的核心立场。自2012年以来,习近平总书记在多个场合重申解决贫困问题的重要性,并提出了一系列富有战略性和针对性的政策措施,标志着中国的贫困治理进入了新的历史阶段。

资助育人是贫困治理的基本方向。习近平总书记强调,贫困治理不仅仅是简单的物质帮扶和贫困标准的静态划分,更重要的是要实现贫困群众内生动力的激活和自我发展能力的提升。在"精准扶贫、精准脱贫"方针的指导下,援助不仅仅局限于直接的经济资助,更重要的是通过教育培训、技能提升等方式,实现贫困群众的长期可持续发展。

资助育人促进了贫困治理和经济社会的协调发展。资助育人政策通过减轻经济负担,为贫困学生提供继续教育的机会,从根本上打破了贫困代际传递的循环。通过提升贫困地区学生的教育水平,使其拥有了更多获取信息、知识和技能的能力,为他们日后就业创业提供了可能,这不仅提高了他们个人的生活水平,也为家庭乃至整个社区带来了经济上的改善和社会地位的提升。资助育人政策倡导的是一种彰显社会正义的教育平等,这种平等不仅局限在教育机会上,而且在于通过教育实现社会资源配置的合理化,进而影响社会的经济结构和社会结构。因此,资助育人不仅是一项教育政策,也是一项重要的社会政策,它帮助建立了一个社会成员皆有机会通过教育改善自己命运的良性社会环境。

从经济学角度来看,实施援助资金教育政策将人力资本投资纳入贫困治理中,这对于可持续发展至关重要。提高教育成就通常会导致更加熟练的劳动力出现,这能够吸引更好的投资并刺激经济增长。为贫困人口资助教育,确保没有任何潜在人才因经济限制而浪费,有效地最大化了国家的人力资源发展。在促进就业方面，高校资助育人政策为家庭经济困难学生提供了更多的就业指导和服务。高校通过校企合作、实习等方式加强了学生的实际操作能力，为学生日后进入社会提供了有力支撑。这不仅提高了学生的就业能力，同时也为企业提供了更多的、更优秀的人才资源。

在经济社会发展的大背景下，新时代高校资助育人政策可以看作是国家通过教育手段实现宏观经济政策目标的一种策略，如促进消费、扩大内需等。通过教育资助，民众的获得感和幸福感不断提高，这在宏观上调节了社会消费结构，促进了国内市场的繁荣。高校资助育人政策的实施也推动了教育制度的改革和创新，不仅仅是在教育资助育人体系中，更是在教育管理、教学模式、课程内容等方面。比如强化了信息技术在教育中的应用，加快了教育现代化的步伐，这些都是推动社会经济协调发展的重要因素。

资助育人政策通过对家庭经济困难学生的实质性支持，直接提高了这一群体在教育、经济和社会参与等方面的能力，促进了他们的个人发展以及所在地区的社会经济发展。在整个国家层面，该政策的实施加强了社会主义现代化国家建设的人力资源基础，促进了经济社会的协调发展。

(三)从推进教育公平全局中不断探索高校资助育人的发展规律

习近平总书记指出，教育是国之大计、党之大计。发展教育事业，必须把促进公平作为国家基本教育政策，努力让每个孩子都能接受良好教育。教育公平是社会公平的基础，它关系到一个国家社会结构的稳定性和发展态势。中国作为一个人口众多的发展中大国，面临着巨大的教育资源分配不均问题。随着改革开放和经济的快速发展，对优质教育资源的需求和争夺更为激烈。习近平总书记多次强调，教育是国家的基础性工程，教育公平是社会公平的重要基础，确保每个孩子都能享有公平而有质量的教育，并认为教育不仅是知识传授的平台，更是价值观塑造、创新能力培养的重要场所。教育公平绝非仅仅局限于教育资源分配的表层问题，更要进一步深化到国家战略高度，将其置于国家全面竞争力的系统框架下予以审视和布局。在具体的实践层面，习近平总书记从义务教育的全面推广到高等教育资源分配的优化调整，从职业教育和成人教育的加强到现代远程教育的快速发展等方面，构建起一个全面而系统的教育策略体系。

第二节 高校资助育人的政策依据

在新时代背景下，高校资助育人的政策依据是多层次、多维度的。宏观上，教育部等国家级机构制定的政策提供了强有力的指导和支持，这些政策不仅强化了资助育人的科学理念，而且确保了教育公平的基础理念得以广泛传播和深入人心。微观上，在落实这些宏观政策时，每个高校都需在自身的具体情况和资源条件下，制定详尽的实施方案和操作流程，确保资助措施落地生根，科学有效。通过宏观政策的引领与微观实践的具体执行，形成了一个有机整合、相互促进的资助育人工作体系，为构建更加公平、高质量的教育环境提供了坚实的政策支撑。

一、领会宏观层面政策规划，强化资助育人科学理念

党中央历来重视学生资助工作，为适应新形势、新情况、新变化，2007年5月，国务院印发《关于建立健全普通本科高校高等职业学校和中等职业学校家庭经济困难学生资助政策体系的意见》，标志着我国学生资助进入新的发展阶段，财政部、教育部先后制定出台国家奖学金、国家励志奖学金、国家助学金、生源地信用助学贷款、免费师范生、勤工助学等资助政策，为后续资助育人工作的开展奠定了基础。

党的十八大以来，中共中央办公厅、国务院办公厅和教育部等国家相关主管部门印发了多个有关学生资助的政策性文件，强调“大力促进教育公平，合理配置教育资源，重点向农村、边远、贫困、民族地区倾斜，支持特殊教育，提高家庭经济困难学生资助水平，积极推动农民工子女平等接受教育，让每个孩子都能成为有用之才”[①]，以推进资助育人工作高水平建设。我们需要深入研读政策文件，准确把握其重大部署和实践要求，深刻认识其理论意义、实践意义与时代意义，认真领会其精神实质和丰富内涵，从而大力推

① 胡锦涛.坚定不移沿着中国特色社会主义道路前进 为全面建成小康社会而奋斗——在中国共产党第十八次全国代表大会上的报告[J].理论学习,2012,(12):4-27.

进新时代高校资助育人工作不断深化改革，实现高质量发展。2013年8月，财政部、教育部、总参谋部印发《高等学校学生应征入伍服义务兵役国家资助办法》，对应征入伍服义务兵役的高校学生，在入伍时对其在校期间缴纳的学费实行一次性补偿或获得的国家助学贷款实行代偿；并对应征入伍服义务兵役前正在高等学校就读的学生，国家实行学费减免。2015年7月，教育部、财政部、中国人民银行、银监会联合印发《关于完善国家助学贷款政策的若干意见》，延长还款年限，实施还款救助机制。这表明了国家在高等教育资助方面在追求长远发展与维护学生权益上做出了全面考量。2017年4月，财政部、教育部、中国人民银行和中国银监会发布《关于进一步落实高等教育学生资助政策的通知》，要求进一步加强和规范高等教育学生资助工作，确保学生资助政策落实到位。2018年9月，教育部、财政部印发《高等学校勤工助学管理办法（2018修订）》，提高了勤工助学酬金标准，进一步明确勤工助学管理责任。2019年4月，财政部、教育部、人力资源和社会保障部、退役军人部、中央军委国防动员部联合印发《学生资助资金管理办法》，对学生资助的范围标准、资金分担和预算安排等进行规范。2020年7月，教育部、财政部、中国人民银行、银保监会等四部门联合印发《关于调整完善国家助学贷款有关政策的通知》，一是助学贷款还本宽限期从三年延长至五年。二是助学贷款期限，从学制加13年，最长不超过20年调整为学制加15年、最长不超过22年。2023年9月，教育部、财政部、中国人民银行、金融监管总局发布《教育部等四部门关于调整完善助学贷款有关政策的通知》，提高国家助学贷款额度、调整国家助学贷款利率、开展研究性商业性助学贷款工作。

通过政策文件的不断出台和修订，我们可以看到党和政府不断完善资助工作体系，资助工作取得了新进展。但在资助工作取得新成效的同时，新时代对资助育人工作还提出了新要求。2017年12月，《高校思想政治工作质量提升工程实施纲要》提出，建立资助育人质量体系，把“扶困”与“扶智”，“扶困”与“扶志”结合起来，建立国家资助、学校奖助、社会捐助、学生自助“四位一体”的发展型资助体系，构建物质帮助、道德浸润、能力拓展、精神激励有效融合的资助育人长效机制，实现无偿资助与有偿资助、显性资助与隐性资助的有机融合，形成“解困—育人—成才—回馈”的良性循环，着力培养受助学生自立自强、诚实守信、知恩感恩、勇于担当的良好品质。不仅揭示了资助育人的终极目标，也诠释了对受助学生全面发展的殷切期望。随着国家对教育公平和学生资助育人工作的高度重视，各地教育部门也积极响应，深入贯彻党中央的决策部署，努力将资助政策落到实处，通过“发展型资助的育人行动计划”“家庭经济困难学生能力素养培育计划”等项目，确保每一个家庭经济困难的学生都能享受到优质的教育资源。例如，上海市对学生的支持，包括提供各种奖学金、国家助学金、国家助学贷款，以及涉农单位基层就业学费补代偿，进一步扩展了资助育人的方式和范围。黑龙江省对省属高校提供公费师范生资助，是他们为实现资助育人工作的一种有效途径。这些都充分体现了新时代背景下创新资助育人形式的重要性和实践性。

二、落实微观层面政策方案，细化资助育人举措方法

在新时代背景下，高校资助育人的政策不仅关乎经济援助的提供，更承载着对学生全面发展的促进职责。构建新时代高校资助育人工作体系，完善基于学生需求的工作机制，不是单纯的流程建设，而是体现人本关怀理念的实践。为进一步规范和加强资助育人工作，落实国家资助政策，提高资金使用效益，各高校采取了一系列举措。

首先，构建资助育人工作格局。新时代背景下，构建资助育人工作格局的过程必须充分重视思想政治工作大格局的作用。正如中共中央、国务院印发的《关于新时代加强和改进思想政治工作的意见》强调“要构建共同推进思想政治工作的大格局”。在此过程中，利用各种级别和类型的文化设施以及阵地作用是资助育人工作的重要方向。一方面，高校应当重视并加强对党员教育培训基地、爱国主义教育基地等的规划、建设和管理，有力地推动公共文化设施的免费开放，创建基层思想政治工作示范点。另一方面，建立科学、有效的评价考核体系是保证资助育人工作质量的基石。通过构建内容完善、指标合理、方法科学的思想政治工作测评方案，并将测评结果纳入全面从严治党主体责任的监督检查以及巡视巡察内容，同时也纳入党政领导班子、领导干部的综合考核评价，实现“软指标”变“硬约束”的转变，从而保障资助育人工作的长足发展和质量提升。

其次，搭建资助育人工作体系。在新时代背景下，加快构建一套目标明确、内容完善、标准健全、运行科学、保障有力、成效显著的高校资助育人工作体系成为我们的紧迫任务。中共中央、国务院印发的《关于新时代加强和改进思想政治工作的意见》提出“建立科学有效的评价考核体系”，资助育人工作体系一方面要深化对意识形态工作的理论和实践探索，另一方面更加凸显资助育人工作的系统性和全面性，推进我国的高等教育健康发展。精准资助育人工作的开展要对家庭经济困难学生做出准确识别，设立并健全四级资助认定工作机制，并实行档案化和动态化的管理方式。高校资助育人追求的不仅是经济层面的救助，而且是为家庭经济困难的学生建立一套以发展为导向的资助体系，从提高他们的能力素养培育投入等更多维度进行精准帮扶。这样的工作机制，既能满足学生的需求，同时也适应了社会对人才的新需求。

最后，创新资助育人工作方法。在新时代的背景下，探索并实施创新资助育人工作方式对于满足当前社会发展需要，提高高等教育质量具有重大的现实意义和深远的战略影响。中共中央、国务院印发的《关于加强和改进新形势下高校思想政治工作的意见》提出要“创新教学方法，增强教学的吸引力、说服力、感染力”。为了实现这一目标，高校资助育人应深度整合各类教育资源，构建符合当代教育需要的多元化资助育人模式。高校资助育人工作者应当紧贴新时代社会实践的需求，让理论知识通过实践课程、实践活动、社会实践等方式落地生根，帮助家庭经济困难学生提升实践操作能力和现实问题解决能力，这不仅是素质教育的重要环节，也是教育资助的重点。高校要深入推进育人工作的全方位创新，包括工作理念思路、内容形式和方法手段等，以适应不断变化的社会条件和满足学生的发展需求，进一步创新资助育人工作方法。

高校在新时代资助育人工作中，应通过构建资助育人工作格局、搭建资助育人工作体系、创新资助育人工作方法来细化政策方案，为新时代高校资助育人工作奠定基础。推进资助育人举措的科学化、精细化，实现教育公平，培养更多坚定不移听党话、跟党走，怀抱梦想又脚踏实地，敢想敢为又善作善成，立志做有理想、敢担当、能吃苦、肯奋斗的新时代好青年。

第三章　新时代高校资助育人的原则与方法

原则是人们说话或行事依据的法则或标准，高校资助育人的原则就是在资助育人的过程中处理各种关系和矛盾必须遵循的准则。新时代高校资助育人的基本原则就是贯穿于资助育人全过程，渗透于高校资助育人各环节所必须遵循的准则。习近平总书记强调："坚持原则是共产党人的重要品格，是衡量一个干部是否称职的重要标准。"[①]新时代新特点，新变化新要求，高校资助育人面临着进一步加强改革创新、推动内涵式发展的使命任务，必须坚持正确的原则，努力培养担当民族复兴大任的时代新人。

第一节　高校资助育人原则的确立依据

确保每一个家庭经济困难学生有学上、上好学，全面推进高校资助育人工作，是落实立德树人根本任务、培养德智体美劳全面发展的社会主义建设者和接班人的内在要求。资助育人是"十大"育人体系中不可或缺的一环，是高校学生思想政治教育工作的生动实践，也是对高校人才培养能力和效率的重要检验。推进资助育人工作，需明确全过程各环节必须遵循的基本原则，在基于高校实际情况的基础上，这些原则不仅需与资助育人的核心目标相契合，还需紧密贴合高校育人的基本规律。科学理解和把握资助育人原则的确立依据及其作用，对构建合理的资助育人保障机制、优化高效的资助育人实施路径，具有重要的理论和实践意义，也是最终实现资助育人目标的关键所在。因此，既要与资助育人的目标相契合，又要与思想政治教育的基本规律相耦合，综合考虑各种因素，遵循科学的理论支撑和指导，充分汲取长期实践积累的宝贵经验，确保资助育人工作的科学性和实效性。

---

① 习近平.努力成为可堪大用能担重任的栋梁之才[J].求是,2022(3):4-15.

一、高校思想政治工作“三大规律”是确立资助育人原则的根本依据

“要按照已经认识到的规律来办，在实践中再加深对规律的认识，而不是脚踩西瓜皮，滑到哪里算哪里。”[①]思想政治工作规律，实际上是指思想政治工作全部活动过程中各种相关因素之间内在的逻辑联系。资助育人工作，就是对高校育人规律的深刻认识和实践，其基本原则的确立，不是随意的或者孤立的，必须严格按照规律办事，应建立在深入理解和分析高校思想政治工作规律的基础之上，这是确保资助育人工作科学、有效的基础。习近平总书记在全国高校思想政治工作会议上指出，做好高校思想政治工作，要因事而化、因时而进、因势而新。要遵循思想政治工作规律，遵循教书育人规律，遵循学生成长规律，不断提高工作能力和水平。[②]高校思想政治工作的“三大规律”为资助育人提供了有力指导和重要遵循。因此，高校资助育人工作必须遵循思想政治工作规律，坚持社会主义办学方向，落实立德树人根本任务，深入大学生思想、学习和生活实际，了解学生困难的现状和成因，多为学生办实事；必须遵循教书育人规律，不仅是传授书本知识，还要不断提高学生的思想素养，让其成长为全面发展的人才，把提高教师思想政治素质和职业道德水平摆在首要位置，引导教师坚持教书和育人相统一、言传和身教相统一；必须遵循学生成长规律，始终围绕学生、关照学生、服务学生，这是提升思想政治工作亲和力和针对性，引导大学生健康成长的重要保证。

二、育人目标是确立资助育人原则的重要依据

育人目标是指教育过程中所要达到的预期结果，是教育工作的核心和指南针。党的二十大报告指出，培养什么人、怎样培养人、为谁培养人是教育的根本问题。育人的根本在于立德。全面贯彻党的教育方针，落实立德

---

① 中共中央文献研究室编.习近平关于协调推进“四个全面”战略布局论述摘编[M].北京：中央文献出版社，2015:71.

②习近平在全国高校思想政治工作会议上强调:把思想政治工作贯穿教育教学全过程开创我国高等教育事业发展新局面[N].人民日报,2016-12-09.

树人根本任务,培养德智体美劳全面发展的社会主义建设者和接班人。[①]立足中国大地办好中国特色社会主义大学,首要的就是要解决培养什么人的问题,也决定了高校要把培养德智体美劳全面发展的社会主义建设者和接班人作为根本任务,努力培养有理想、敢担当、能吃苦、肯奋斗的新时代好青年,培养让党放心、爱国奉献、担当民族复兴重任的时代新人。因此,不仅要关注学生的知识和技能培养,还要注重学生的道德素质、身体素质、审美素养和劳动能力等的培养。在资助育人实践中,依据高校育人目标的具体要求,结合家庭经济困难学生的实际,明确育人目标和育人使命,并把育人目标有机融入资助育人全过程各方面。以此为出发点和落脚点,探究科学有效的工作方法,落实落细制度措施,构建一个既符合资助育人规律又能体现时代要求的资助育人体系。将家庭经济困难学生培养成为自立自强、敢于担当、全面发展的有用之才,是高校资助育人的目标与使命,更是高校思想政治工作的重要任务。

三、育人实践经验是确立资助育人原则的现实依据

育人经验是一个不断积累和总结的过程。因此,为了确保资助育人能够达到预期的目标,还需在已有的育人实践中总结经验并借鉴运用,更好指导资助育人实践,提高工作实效,不断渐进发展。教育者应不断探索和实践有效的育人方法,发扬其长处,找准其短板,关注学生的全面发展,激发他们的潜力和兴趣,培养他们的独立思考和创新能力,并引导他们养成全球视野和社会责任感,等等,这都是育人的良方妙法,这也是资助育人工作需要吸纳借鉴的。同时,还需要总结长期以来资助育人的宝贵经验,并在此基础上发展。通过全面回顾和深入分析资助育人实践活动,梳理已取得的成就,在资助政策、实施过程、学生反馈、社会影响等多方面形成了做法经验,同时也"透视"了资助育人实践中遇到的问题和挑战,这些均为资助育人的实施提供宝贵的参考。一方面,通过对已开展资助育人实践的回顾和分析,可以系统总结哪些做法是有效的,哪些方面是需要改进的,为确立资助育人原则提

①习近平.高举中国特色社会主义伟大旗帜 为全面建设社会主义现代化国家而团结奋斗[M].北京:人民出版社,2022:34.

供了事实基础和案例支撑。另一方面,实践经验本身就是对资助育人工作的内在规律和客观要求的全面总结,这都是确定原则的重要考虑因素。

第二节 高校资助育人的基本原则

新时代高校资助育人的基本原则就是贯穿于资助育人的全过程,渗透于高校资助育人各个环节所必须遵循的准则。习近平总书记曾指出,坚持原则是共产党人的重要品格,是衡量一个干部是否称职的重要标准。[①]资助与育人是高校资助育人工作的两个方面,是有机统一的整体,两者相辅相成,缺一不可。既要在经济上资助,解决家庭经济困难学生的经济燃眉之急,这是基础性保障性的工作;又要在思想上育人,解决其在成长发展过程中的思想困扰,这是落实立德树人根本任务、助力家庭经济困难学生成长发展的关键所在。资助育人工作是高校学生思想政治教育工作的重要组成部分,充分体现了党和国家对家庭经济困难学生的亲切关怀和全面关心。新时代新要求,高校资助育人面临着进一步加强改革创新、推动内涵式发展的使命任务,必须坚持正确的原则,探索资助育人长效机制,优化实施路径,服务好家庭经济困难学生的成长成才,努力培养担当民族复兴大任的时代新人。坚持以人为本,突出育人导向;坚持问题导向,注重精准施策;坚持遵循规律,勇于改革创新;坚持系统观念,落实全面覆盖;坚持协同联动,强化责任落实。在这些原则的指导下,有助于最大程度发挥资助育人功能,推动高校思想政治教育工作高质量发展。

一、坚持以人为本,突出育人导向

资助育人是做"人"的工作,必须坚持贯彻"以人为本、以生为本"的原则。经过不断积累和发展,高校家庭经济困难学生资助体系已经逐渐形成,探索了较为完善的资助方式和渠道,积累了诸多宝贵经验,这为推进新时代高校资助育人工作奠定了坚实的基础。但由于育人对象具有特殊性、发展

① 信念坚定对党忠诚实事求是担当作为努力成为可堪大用能担重任的栋梁之才[N].人民日报,2021-09-02.

性，不同家庭经济困难学生有着不同的表现特征，不同时期呈现不同的特点。因此，要坚持以学生为本，突出育人导向，既要重视家庭经济困难学生的主体作用，尊重其主体性，又要从家庭经济困难学生的现实需求出发，把家庭经济困难学生的成长发展需要放在首位，关注其物质和精神需要，有针对性地推进工作。

（一）“坚持以人为本，突出育人导向”的具体内涵

以人为本不是以个人为本，也不是以自我为本，是以大多数人为本。“以人为本的‘人’指的是最广大人民群众，在当代中国就是以工人、农民、知识分子等劳动者为主体，包括社会各阶层在内的广大人民群众；以人为本的‘本’指的是根本，就是要把最广大人民的根本利益作为我们一切工作的出发点和落脚点。”[①]社会的发展归根结底是靠人来完成，那么，国家、社会、人的发展最终的落脚点依旧是“人”。坚持以人为本就是一切为了人，一切依靠人，就是要尊重人、理解人、关心人，把不断满足人的需要，促进人的全面发展作为根本出发点。社会整体向前发展源于人的全面发展，高校资助育人坚持以人为本，就是要以学生为本，促进学生全面发展。

如何做到以学生为本呢？2016年10月10日至11日，习近平总书记在全国国有企业党的建设工作会议上强调，“要把解决思想问题同解决实际问题结合起来，多做得人心、暖人心、稳人心的工作，在关心人帮助人中教育人、引导人”[②]。为广大思想政治教育工作者指明了方向、提供了遵循。在高校资助育人的过程中，坚持以学生为本，就是将家庭经济困难学生的合理需求放在首位，保障“不让一个学生因家庭经济困难而失学”，力争实现“培养好每一个家庭经济困难大学生”的目标；就是从家庭经济困难学生的成长成才需要出发，尊重其主体地位，始终把实现、维护、发展家庭经济困难学生的根本利益和成长成才作为高校资助育人的出发点和落脚点。

“育人导向”就是回答新时代育人之问，关键在于解决“育什么人”和“如何育人”的核心问题。培养建设中国特色社会主义和担当民族复兴大任的

---

① 郭宇光.维系社会和谐的精神纽带——如何理解建设和谐文化[M].北京：人民出版社,2008:68.

② 习近平谈治国理政(第二卷)[M].北京:外文出版社,2017:178.

时代新人,是一项艰巨复杂的重大战略任务,是新时代我国高校的核心使命。资助育人是高校人才培养的重要方面,必须紧紧围绕立德树人的根本任务,立足家庭经济困难学生特点实际,勇担培育时代新人的历史使命。以育人为导向,就是要从学生主体出发,以资助为载体,培养学生成长成才与全面发展。新时代新要求,高校应紧紧围绕"立德树人"这一根本任务,始终把德育放在资助育人工作的首位,以培育和践行社会主义核心价值观为核心,加强受助学生的思想政治教育,在"扶困"的同时重视学生的"扶智""扶志"教育,把帮助受助学生的知识、能力和价值观的提升摆在更加突出的位置,重视受助学生的学业指导、心理疏导和能力提升,贯彻在物质上进行帮助、在道德上进行教育、在能力上进行拓展、在精神上进行激励的资助育人长效机制,确保每个学生生活有保障、学习有动力、发展有平台,使资助育人工作不断推向深入。

总之,坚持以人为本,突出育人导向,有利于将高校资助工作与育人工作紧密结合,将资助工作有机融入思想政治教育工作中,引导学生以自强不息、积极进取的态度面对学习和生活,增强学生的自信心与责任感;有助于促进资助育人工作健康、可持续的发展,提升育人实效,实现高校资助育人目标。

(二)"坚持以人为本,突出育人导向"的基本要求

"坚持以人为本,突出育人导向"不是抽象的而是具体的、现实的,体现在工作中充分尊重学生主体性,更好满足家庭经济困难学生的现实需要,促进学生全面发展。

首先,要尊重家庭经济困难学生的主体性。新时代高校资助育人工作,改变过去将资助简单视为物质帮扶的做法,更加尊重资助对象,尊重他们在大学中应有的主体地位和学习权利,充分关注家庭经济困难学生的个性特征,实行个性化的解困策略,为家庭经济困难学生的健康发展创造良好条件,最大限度发挥资助育人功能。具体表现为:尊重学生的意愿,不将学校、老师的意志强加于学生,了解学生的内心需求;充分发挥家庭经济困难学生的主观能动性和积极创造性,增强他们的主体意识,培养他们自我学习、自

我管理以及自我发展的能力;鼓励家庭经济困难学生积极关注自身的学习、道德、精神和能力,积极参与社会实践活动,在实践中强化自身综合素养。

其次,要关心家庭经济困难学生的物质和精神需要。对于家庭经济困难学生来说,头等大事就是希望解决自己经济困难的问题。因此,在相当长一段时间内,高校资助工作主要落脚点在于对受助学生物质上、经济上的帮扶。随着资助体系的不断完善,家庭经济困难学生对自己美好未来的向往与期待不断提高,在解决了基本物质需求的基础上,逐渐追求成长过程中的全面需要。因此,在资助育人过程中,既要关注家庭经济困难学生的物质匮乏和身体健康,也要关心其精神渴求和心理健康;既要促进家庭经济困难学生的潜能和人格发展,又要提升其生命价值和尊严。2017年,中共教育部党组印发了《高校思想政治工作质量提升工程实施纲要》,将资助育人纳入"十大"育人体系,强调充分发挥高校资助工作的育人功能,挖掘资助育人元素,建立国家资助、学校奖助、社会捐助、学生自助"四位一体"的发展型资助体系,这标志着高校资助工作更加突出了育人导向,实现资助工作与思想政治工作深度契合。所以,高校资助育人工作不仅应注重对学生的物质帮扶,更要在关心关爱学生的实践中教育引导学生,将思想政治教育融入资助工作全过程,通过精神鼓舞和人文关怀,着力提高学生的政治觉悟、思想素质和道德修养,激发受助学生对党、对国家、对社会的感恩之情、责任之心,激励广大受助学子立鸿鹄志,做奋斗者。

最后,要促进学生全面发展。办好人民满意的大学,培养德智体美劳全面发展的社会主义建设者和接班人,是高校的神圣使命。这就要求高校对学生的关注要全面,既要关注家庭经济困难明显的学生,也要关注潜在的家庭经济困难学生;既要关注家庭经济特别困难的学生,也要关注家庭经济一般困难的学生;既要关注家庭经济困难但较积极的学生,也要关注家庭经济困难同时又态度消极的学生;既要关注家庭经济困难学生的生活,也要全面关注其思想、学习、心理、能力等。因此,高校要全面关注家庭经济困难学生,一个也不漏,一个也不会少;更要注重以家庭经济困难学生的全面发展为目标,促进其物质生活和精神生活、思想道德素质与科学文化素质、身体素质和心理素质、综合能力和社会责任感、人生价值观与健康人格的全面协调发展，切实提高服务强国建设、担当民族复兴大任的素养和能力，促进家庭经济困难学生成为有理想、敢担当、能吃苦、肯奋斗的新时代好青年。

二、坚持问题导向，注重精准施策

坚持问题导向是认识问题和解决问题的出发点。人们认识世界、改造世界，必须从发现问题开始，以解决问题为要。坚持问题导向是对马克思主义矛盾观的坚持和发展。党的二十大报告强调“必须坚持问题导向”。习近平总书记指出：“要有强烈的问题意识，以重大问题为导向，抓住关键问题进一步研究思考，着力推动解决我国发展面临的一系列突出矛盾和问题。”[①]尽管资助政策体系逐渐完善，资助育人体系逐步确立起来，但我国高校资助育人工作中仍存在对象定位不准确、培育内涵不清晰、工作机制不健全、育人体系不明确等问题，做好高校资助育人工作，既要树立问题意识，着眼于重大理论与实践，找准问题，又要分清主次矛盾对症下药，精准施策，解决主要问题。

（一）“坚持问题导向，注重精准施策”的具体内涵

唯物主义方法论告诉我们，只有从问题中来、到问题中去才能彻底解决问题。坚持问题导向，是对马克思主义矛盾观的坚持和发展。坚持问题导向，在世界观和方法论上就是要承认矛盾的普遍性、客观性，在高校资助育人实践中就是要树立问题意识，把解决实际问题作为打开工作局面的突破口，其过程就是发现问题、分析问题、解决问题。高校资助育人工作存在着与高校育人相通的共同问题，也面临着建立针对性育人体系的独特问题，只有充分了解发现这些问题，找准问题，才能在后续工作中精准施策，针对性地找准突破口并解决问题。

精准施策建立在对客观事物发展规律的深刻认识和科学把握基础之上，是对马克思主义实事求是思想路线与知行统一知行观的坚守和深化发展。精准施策就是在坚持问题导向的基础之上，找到正确的方法和策略，解决问题。精准施策具有务实性、针对性和高效性的基本特征。精准施策的

① 习近平著作选读(第1卷)[M].北京:人民出版社,2023:161.

针对性特征，就是坚持问题导向“把准脉”“开准方”，深入调研，始终围绕高校资助育人工作存在的问题，家庭经济困难学生面临的现实性问题，进行指向性分析，了解高校资助育人的现实性情况。并在精准掌握信息的基础上，抓住高校资助育人的问题核心，克服困难，逐一解决问题，达到资助育人的目标。精准施策的务实性特征，就是解决问题要精准发力，做到落细、落实，从细微处锁定靶向，切忌纸上谈兵，要实实在在从根源上解决问题。精准施策的高效性特征，就是以精准分析为着力点把握问题，以精准施策为关键点解决问题的科学步骤，为高效认识、分析和解决问题奠定基础。

（二）“坚持问题导向，注重精准施策”的基本要求

坚持问题导向，是实现精准施策的前提，精准施策体现问题导向，也是落实问题导向的关键步骤，二者相辅相成。高校资助育人工作只有坚持问题导向，找到重要理论与实践问题，才能为精准施策提供前提条件，提高资助育人实效性。

首先，要有瞄准问题、发现问题的敏锐目光。2018年，习近平总书记在全国宣传思想工作会议上强调，“我们必须把人民对美好生活的向往作为我们的奋斗目标，既解决实际问题又解决思想问题”[①]。高校资助育人最重要的功能是育人，是以“资助”为方法，贯彻“人”的核心，根本上达到“育人”目标的一种方式，是经济活动与教育活动的统一。当前，我国高校资助育人工作取得了较为显著的成就，但仍面临一些亟待解决的问题。因此，要坚持问题导向，善于发现问题、提出问题、研究问题、回答问题，积极推动问题的解决，集聚改革创新的正能量。在解决思想问题上，要意识到家庭经济困难学生的成长现实环境及心理的特殊性，要充分发挥资助育人的功能，着重关注学生的诚信意识、自强意识和社会责任感等方面的突出问题。在解决实际问题上，应该将解决学生的当前困难与长远发展结合起来，统筹解决思想问题与实际问题。简言之，高校资助育人以解决学生的经济问题为主导，重视学生责任意识的培养，帮助其在实践中养成良好的道德品质，使其获得更好

---

① 举旗帜 聚民心 育新人 兴文化 展形象 更好完成新形势下宣传思想工作使命任务[N].人民日报,2018-08-23.

的发展条件,提升自己的精神境界。高校资助育人以学生的现实需要为根本依据和出发点,不局限于用理论灌输来解决思想问题,不脱离思想观念的引领来单纯解决实际问题,而是要将资助育人目标和内容有机融合、贯穿全程。

其次,要贯彻精准思维。精准思维是建立在唯物论、辩证法和认识论基础上的具有针对性、务实性和高效性特征的思想方法,既是一种认识方法、分析方法,也是一种工作方式,是在分析解决问题中精准细致地调研了解、严谨准确地分析研判、扎实具体有效地推进落实,切实解决问题。一方面,各资助育人主体应当明晰对家庭经济困难学生进行精准育人的价值与意义,强化自身的育人态度和职责意识,学校应制定全员育人、全方位育人的政策和制度,形成各类教育主体的协同育人机制,将精准育人的要求贯穿到资助育人的全过程。另一方面,高校应以促进学生全面发展,作为资助育人实践的根本出发点和落脚点,将精准育人的理念内化为资助育人的工作思路,外化为育人活动精准化的实践行动。在实践中,要解决好“资助谁”“怎样资助”“施行什么样的资助”“如何取得资助实效”等问题,就必须将精准思维贯穿到资助育人的每一个环节和细节中。具体来看,资助育人应当从整体教育向群体教育、个体教育转变,注重个性化需求和特点,对个体教育帮扶给予更多的关注和倾斜。一是坚持全面教育与重点提升相结合,关注教育对象和教育内容的全面性和重点性,避免“撒网式”的整体教育和“蜻蜓点水式”的肤浅教育。二是坚持共性需求与差异需求相结合,以问题和需求为标准,将家庭经济困难学生分类、分群、分组,为分层次、分阶段、差异化教育奠定基础,实现因人施策、因群施策、因类施策、因需施策,使精准育人理念精准推进、精准落地、精准生效。三是坚持短期需求与长期发展相结合,既要帮助家庭经济困难学生顺利完成学业,更要让家庭经济困难学生获得职业生涯发展的不竭动力和自我发展的持续力。

最后,要落实到“施策”,做到“准”“细”“实”三方面要求。马克思曾说:“问题就是公开的、无畏的、左右一切个人的时代声音。”[①]所谓“准”,就是精

①马克思、恩格斯.马克思恩格斯全集(第40卷)[M].北京:人民出版社,1982:289-290.

准、精确制定正确的战略战术，采取有效措施，保证工作顺利进行。高校资助育人工作，就是要因材施教，针对不同家庭经济困难学生的现实性问题，给予相适应的资助方式，落实针对性的育人方法。脱离“准”，家庭经济困难学生就有可能得不到及时相应帮扶，长期游离在重点关注名单之外，资助育人工作难以做到“一个也不会少”的目标。所谓“细”，就是精细、精致，老子曾经说过：“天下难事，必作于易；天下大事，必作于细。”细节决定成败，成功者的共同特点就是善于发现常被人们忽视的细节，能把每一件小事做到完美，因此凡事都要从细节处着手。资助育人工作本身就是一项不断探索、不断发展的工作，涉及的主体范围广，点多线长面广，如果眉毛胡子一把抓，就难以抓住重点、抓出成效。所谓“实”，就是落实、实效，这是精准施策追求的目标，也是精准施策成功的重要保证。自2007年以来，我国高校资助工作得到了长足发展，资助育人工作越来越受到重视，这既是国家资助体系建立后显著成效的充分体现，也很大程度得益于各级政府、高校对于国家资助政策的深入贯彻落实、有效施策。

三、坚持遵循规律，勇于改革创新

认识规律、把握规律，是做好各项工作的前提，强调重视运用科学思维方式认识和把握事物的内在本质和规律。[①]习近平总书记在2018年全国教育大会上指出，坚持深化教育改革创新。[②]规律是创新的前提，创新是更好形成和探索规律的基础。因此，新时代高校资助育人工作要遵循客观规律，不偏离家庭经济困难学生帮扶规律，不偏离高校思想政治工作规律，也要注重与时俱进、改革创新，不刻舟求剑，不因循守旧，不固步自封，不断创新理念、创新思路、创新方法，在守正创新中推进高校资助育人高质量发展。

（一）“坚持遵循规律，勇于改革创新”的具体内涵

规律是事物发展过程中所固有的本质的必然联系，是人们认识世界改

---

①韩振峰.提高领导干部思维能力必须做到“四个把握”[J].中国党政干部论坛,2023(08):24-30.

②张烁.坚持中国特色社会主义教育发展道路 培养德智体美劳全面发展的社会主义建设者和接班人[N].人民日报,2018-09-11.

造世界的遵循。习近平总书记强调，做好高校思想政治工作要遵循思想政治工作规律、遵循教书育人规律、遵循学生成长规律。[①]这为开展高校思想政治教育工作提供了科学指引，为不断提高高校思想政治工作能力和水平提供了正确的原则导向，也是高校资助育人工作应该遵循的准则。

推进学生资助育人工作是高校思想政治教育的重要工作内容，坚持遵循规律就是既要遵循高校思想政治工作规律、教书育人规律，又要着重把握家庭经济困难学生成长规律，把握他们的心理成长规律、认知能力发展规律，为推进资助育人工作提供理论遵循。进入新时代和新发展阶段，推进高校思想政治教育工作高质量发展，需要面临许多新挑战，解决许多新问题新矛盾，迫切需要改革创新、真抓实干。改革创新是指用新的理念、思路、方法、手段以及途径解决高校资助育人过程中的矛盾、问题，是推进新时代高校资助育人的动力和源泉。坚持深化改革创新，就是要改革制度机制、评价导向机制，激活大数据时代的资助创新、教育创新，增强资助育人服务创新发展能力。

遵循规律与改革创新两者相辅相成、辩证统一，遵循规律是改革创新的基础和前提，改革创新是遵循规律的重要体现。改革创新是时代发展的不竭动力，是推进资助育人工作的动力源泉。在高校资助育人工作中，要始终坚持遵循规律与改革创新有机结合、协同推进，在坚守遵循客观规律与改革创新的相互协同中提高工作质量。

（二）“坚持遵循规律，勇于改革创新”的基本要求

第一，高校资助育人遵循规律，就是要求高校资助育人主体深刻认识把握高校思想政治工作“三大规律”。首先，遵循思想政治教育工作规律，适应家庭经济困难学生多元需求，构建崇高精神家园。要主动适应新时代大学生实际需求，教育思想要经得起实践检验，教育内容和教育方式要符合学生思想递进式成长规律，协同多方资源共同育人，利用“知情意行”和谐统一规律对学生开展教育工作。其次，遵循教书育人规律，培养大学生的社会主义

①习近平在全国高校思想政治工作会议上强调：把思想政治工作贯穿教育教学全过程　开创我国高等教育事业发展新局面[N].人民日报,2016-12-09.

核心价值观，自觉当好大学生品格、品行、品位的塑造者。为了满足学生迫切求知的需求、适应学生心理和价值实现的需求，教育者要遵循教书育人规律，不断充实与提高自己，夯实个人基本功，提高思想政治教育的实效性。最后，遵循学生成长规律，尊重学生多样选择，构建立体资助育人体系。随着时代发展，个人需求在大学期间发生分化，理想与现实的矛盾升级。习近平总书记指出，大学生正处在人生成长的关键时期，"知识体系搭建尚未完成，价值观塑造尚未成型，情感心理尚未成熟，需要加以正确引导"①。高校资助育人要尊重学生真实想法，遵循家庭经济困难学生成长普遍规律，督促学生做好思想选择，指导学生做好现实选择，引导学生做好环境选择。高校资助育人，就是要把握和遵循这些规律，培养受助学生的奋斗精神、思想品德、实践能力和人文素养，引导他们树立正确的世界观、人生观和价值观，使其获得个性、智力、能力等各方面素质的综合发展，为其长远发展积聚潜能。

第二，高校资助育人改革创新，就是要求在遵循规律的基础上进行理念创新、内容创新和方式创新。高校资助育人改革创新要树立精准资助育人理念，思想是行动的先导，要有效开展精准育人工作，必须先树立精准育人的思维理念，充分了解、全面分析家庭经济困难学生的现实需求，关心和尊重每个受助学生的个人发展，创新思路和方法，努力培养其成为德智体美劳全方位发展的栋梁之材。一方面，精准认定和帮扶家庭经济困难学生，这是做好资助育人工作的首要前提。健全完善学生资助制度体系，紧紧围绕家庭经济困难学生的个体特点和实际需要，积极探索个性化帮扶模式，鼓励和引导发挥家庭经济困难学生自身在资助帮扶中的主观能动性，由"被动"受助逐渐向"主动"激发自身潜力发展，使受助的过程成为其自身成长的过程。另一方面，菜单式教育引导家庭经济困难学生，这是做好资助育人工作的关键。要站在家庭经济困难学生的立场，及时掌握其心理变化，准确把握他们的真实需求，不断结合其智力、能力、素质、品德方面的发展需求，自主"点菜"，因需"配餐"，在能力和精神层面给予个性化帮扶引导，积极创新内容、形式和方法，提供宽维度、多层次、分类别的教育与支持，帮助学生实现全面

① 习近平关于青少年和共青团工作论述摘编[M].北京：中央文献出版社，2017:37-38.

发展，更好实现资助育人工作的时效性和针对性。

总之，只有遵循规律，才能在改革中加强、在创新中提高。改革创新是推动高校资助育人可持续发展的内生动力和保障，没有改革创新，高校资助育人工作难以高质量推进。因此，只有做到坚持遵循规律与改革创新的有机统一，才能确保高校资助育人工作行稳致远。

四、坚持系统观念，落实全面覆盖

习近平总书记强调："系统观念是具有基础性的思想和工作方法。"[①]坚持系统观念是习近平新时代中国特色社会主义思想世界观和方法论的重要组成部分，是马克思主义基本原理中的整体论，是我们党具有基础性的思想和工作方法。万事万物是相互联系、相互依存的。从系统观念的角度出发，高校资助育人要善于透过现象看本质，把握好全局和个体、眼下和长远、主要方面和次要方面、特殊和一般的关系，既具有全局视野，又善于识别个体特点，全面、系统推进高校资助育人工作，做到全面覆盖、系统推进。

（一）"坚持系统观念，落实全面覆盖"的具体内涵

唯物主义辩证法强调，所有事物均处于广泛的普遍联系之中。这些事物及其组成部分相互交织、相互作用、相互制约，共同构成一个具有明确结构和特定功能的统一整体，我们称之为系统。当人们将这种对客观存在的系统的理解内化于思维之中，便形成了系统观念。在分析和解决问题时，坚持系统观念是不可或缺的方法论。发现问题是重要的一步，但真正的目标在于有效地解决这些问题。系统观念和系统方法为我们提供了科学、全面的视角来审视和处理问题。采用系统观念，意味着我们要从整体和全局的视角出发，运用普遍联系、全面系统和发展变化的观点来观察和处理问题。这要求我们深入理解事物的本质，分析矛盾，以及解决问题，特别是要关注整体与部分、部分与部分之间的相互作用和关系，从而揭示对象的系统性质和运动规律。这是坚持系统观念、系统方法的核心要求。

---

① 习近平.关于《中共中央关于制定国民经济和社会发展第十四个五年规划和二〇三五年远景目标的建议》的说明[N].新华日报,2020-11-04.

全面覆盖就是多维度、全方位的覆盖。拓展资助育人工作维度和落脚点，充分利用日常校园文化建设、学生社团活动、暑期社会实践等相关工作，为培养和提升家庭经济困难学生的综合素质搭建成长和学习的平台，不断提升学生的就业竞争力。此外，还应当加强对学生的思想引领，引导他们自我教育、自我管理和自我服务，鼓励他们形成自助和助人意识，逐渐从被动受助，变成主动争取机会锻炼和提升自己。在资助育人工作中，全面覆盖就是要贯彻落实“三全育人”工作理念，将对学生的资助和教育关怀覆盖全部对象，融入育人全过程。从学生被大学录取到大学毕业，从每个学期开学初到期末，都应当根据不同时期情况和不同人员特点，全过程开展资助帮扶和教育引导。家庭经济困难学生往往不仅仅是经济问题，由经济困难可能衍生出的诸如刚入校的适应问题、个人视野的问题、与他人沟通的问题、学习问题、心理问题以及职业生涯规划问题等，都需要学校各部门单位密切配合、形成合力，共同帮助其成长成才。学校要对不同阶段的工作进行提前部署，全程跟踪反馈，帮助家庭经济困难学生解决好各阶段的问题；要根据不同学生的特点，量身定制帮扶方案，从每次的具体教育帮扶，到四年的整体规划，从重点关注人群，到每一个需要帮扶的对象，从生活到学习，从实践到工作，各环节密切配合，层层深入，保证育人效果。

（二）“坚持系统观念，落实全面覆盖”的基本要求

高校资助育人工作这一系统性工作，要始终贯彻系统观念，不断完善落实资助育人制度规范和长效机制，整体把握、统筹兼顾。

首先，要整体把握。高校资助育人工作，承载着培养社会主义建设者和接班人的重要使命，随着对资助工作重视程度的不断增强，我国已经建立起了多元化的资助体系。同时社会救助的风气逐渐形成，政府、高校及社会各界增设了各级各类的资助项目。但由于对资助项目缺少整体规划，“奖勤贷助补免”管理相对分散，主次位置不甚明确，难以对资助工作有全面而系统的把握。随着家庭经济困难学生生活上的逐渐解困，社会各界及高校越来越重视其教育引导工作，但对受助学生的个性需求了解不够，教育引导的全面性、整体性、系统性、针对性、实效性不够，在教育对象全覆盖、教育内容全

方位、教育过程全链条等方面压得不够实、抓得不够深。随着资助工作的开展，高校要更加注重资助育人工作中的“育”，以培育和践行社会主义核心价值观为核心，加强受助学生的思想政治教育，在“扶困”的同时重视学生的“扶智”“扶志”教育，加强对受助学生的学业指导和心理疏导，把帮助其知识、能力和价值观的提升摆在更加突出的位置，确保每个家庭经济困难学生生活有保障、学习有动力、发展有平台，进一步深化资助育人工作，实现“解困—育人—成才—回馈”的良性循环。进一步健全完善在物质上进行帮助、在道德上进行教育、在能力上进行拓展、在精神上进行激励的资助育人长效机制，实现资助育人工作长效化、科学化发展。

其次，要统筹兼顾。大部分资助工作主要由专兼职辅导员及学生干部来承担，他们中的大多数并未接受过专业系统培训，对资助政策的理解往往不够深入和全面，因此在执行过程中难以做到细致、准确和到位，这在一定程度上制约了资助工作的专业化和精细化发展。为了改善这一状况，高校应加强对家庭经济困难学生资助工作的统筹管理，明确各部门的职责和分工，确保资助项目的全面覆盖和高效执行。同时，加大对资助工作队伍的专业培训力度，提升他们的业务能力和政策理解水平，以确保资助政策能够真正落到实处。高校资助育人不仅涉及经济帮扶方面的工作，也涉及思想教育方面的工作，更是关联家庭、学校和社会各大主体。因此，在高校资助育人过程中，应坚持以学生为中心，各教育主体协同合作，统筹推进“扶困”“扶志”“扶智”有机结合。从主体看，政府、社会、家庭、学校、家庭经济困难学生本人、同辈群体要积极参与，充分发挥政府统筹、社会帮助、学校主导、家庭负责、学生自强的积极作用，统筹兼顾家庭经济困难学生与非家庭经济困难学生之间的关系和利益，不同程度的家庭经济困难学生之间的关系和利益。家庭经济困难学生面临比同龄人更多的问题，需要学校有关部门和教师，尤其是辅导员要提前统筹工作规划和各阶段重点，将面向家庭经济困难学生的资助育人工作细分为各学年、学期目标，细化到学习、生活各环节，环环相扣，层层深入，不断加深育人的实际效果。

五、坚持协同联动，强化责任落实

家庭经济困难学生的成长成才需要学校与政府机构、地方，学校资助部门与其他部门协同，数据共享，信息互通，方案共拟，协同育人。[①]近年来，党和国家对资助育人高度关注，为高校资助育人工作提供了强大的政策支持，取得了一定成绩。但资助育人工作仍存在边缘化倾向，重资助轻育人等问题仍不容忽视。当前，高校资助育人面临的主要挑战在于，育人主体的协同不足、载体功能的联动不够以及环境协同育人氛围的缺失。因此要拓展资助育人的广度深度、提升育人实效就必须坚持协同联动，强化责任落实。

（一）“坚持协同联动，强化责任落实”的具体内涵

高校资助育人协同联动，就是通过协调和整合高校与社会等不同部门、组织个体或各主体之间的资源和行动，形成更加强大的合力，以实现资助育人目标。“协同”指的是资助育人各主体各部门的育人政策相向而行、并行不悖；“联动”指的是在资助项目、帮扶活动、育人实践等过程中各主体务实合作、联合作战，在育人目标一致的基础上追求资助育人精准度、效率提升，从而实现资助育人高质量发展。

强化责任落实就是通过明确各方的责任和义务，确保资助育人各主体各司其职，形成有效的协调机制、推进机制和监督机制，防止资金浪费和滥用，推进解困帮扶一个也不少，帮助家庭经济困难学生顺利完成学业，实现全面发展。政府需要确保资助政策的制定和实施，确保资助资金的及时到位，要为帮助家庭经济困难学生健康成长提供良好的政策支持和教育环境。高校应制定具体的资助计划和落实制度，审核资助申请，发放资助款项，并跟踪资助效果，确保资助资金的有效利用，同时积极开展各种形式的助学活动，针对学生的实际需求开展全方位的思想教育工作，为有需要、有必要的学生提供全面的解困帮扶。企业和民间组织等社会力量，也应积极参与到资助育人的行动中来，通过设立奖学金、捐赠教育设施等方式支持资助育人工作。其所在家庭应积极为子女上学提供尽可能的支持，深入了解子女的

---

①田慧芬.基于大数据的高职学生精准资助育人体系探析[J].现代职业教育,2024(02):173-176.

思想状况，积极配合和参与学校的工作。作为受助对象，学生本人应理性面对存在的困难，积极、乐观、主动规划大学学习、生活。通过全员层层落实责任，努力形成全社会共同关注教育、支持教育的良好氛围。

(二)“坚持协同联动，强化责任落实”的基本要求

当前，在部分高校，资助育人工作仍存在诸多问题：存在多部门共同管理学生资助项目的情况，部门之间的沟通协调不及时、不畅通，使得资助效率大大降低，难以迅速响应并满足家庭经济困难学生的实际需求。例如，助学金的管理主要由学生资助管理中心负责，而奖学金和临时困难补助等资助项目则分散在学生工作部、招生就业处、团委等其他部门。这种分散的管理方式往往导致资助项目出现重复覆盖或遗漏覆盖的现象。因此，要整合各方面资源，完善协同机制，明晰协同责任，做好各主体之间、各领域之间、各部门之间的加法和乘法，切实提升工作效率和效能。

首先，构建协同资助育人格局。推动政府、学校、家庭、社会各司其职；明确政府、学校、家庭、社会协同育人目标；保障协同育人贯彻落实，积极推进党委统一领导，学校一体发展，部门院系联动，全员协同参与。

其次，强化责任落实。强化党对高校思政工作的引领，明确主体责任机制，构建党委全面领导、各部门明确职责、全员共同参与的责任网络。严格监督与评估机制，确保责任落实，将“柔性指导”转化为“刚性要求”。一是强化责任意识。高校党委、各部门单位、各级干部、任课教师、辅导员等要切实做到知责于心、担责于身、履职于行。二是细化责任清单。做到压力层层传导、责任环环相扣。三是强化责任监督。坚持以督责促担责，进一步完善资助育人监查机制，以问责促尽责，进一步完善追责问责机制，对不认真履行主体资助育人责任的要予以追责督促。

第三节 高校资助育人的具体方法

回顾我国高校资助育人工作发展历程，以往主要聚焦家庭经济困难学生经济上的解困帮扶，对学生可持续发展能力的培养方面缺乏足够的重视、系统的谋划。扎实的经济帮扶是资助育人的基础，但资助育人的意义远不

止于此，需要在新形势下发展。资助育人并非仅仅是为家庭经济困难学生提供物质上的援助，更重要的是借助物质帮助彰显教育的真正价值，即为家庭经济困难学生铺设一条通向自我成长与发展的道路。物质资助是前提和基础，它为学生提供了平等接受教育的机会，让他们不再因经济原因而错失求学的机会，切实解决他们求学的后顾之忧。但教育的真正目标在于育人，即激发学生的内在潜力，帮助他们实现精神上的自我超越，促进学生全面发展。因此，在推进高校资助育人的过程中，我们应当将“扶困”与“扶志”、“扶困”与“扶智”紧密结合，只有这三者充分结合与发展，才能为家庭经济困难学生提供全面而深入的帮助与支持，提升资助育人实效。

一、坚持“扶困”与“扶志”相统一

（一）“坚持‘扶困’与‘扶志’相统一”的具体内涵

“扶困”即为家庭经济困难学生提供物质上的援助，这是高校资助育人工作中至关重要的环节。国家资助政策体系所包含的奖学金、助学贷款、助学金、困难补助以及各种费用减免等措施，以及社会各界对家庭经济困难学生的物质和经济援助，共同构成了“扶困”的主要内容。“扶困”是满足家庭经济困难学生基本生活需求的重要手段，更是他们在追求更高层次发展需求时不可或缺的基础，是高校资助育人的首要任务。

“扶志”就是从精神层面帮扶着手，激发家庭经济困难学生的内在驱动力，更新他们的思想观念，引导与重塑其道德情感与价值取向，并逐步增强家庭经济困难学生自我奋发向上的信心，帮助他们在精神面貌上焕然一新，展现出积极向上的生活态度和自我革新的勇气。志不强者智不达。习近平总书记在清华大学百年校庆时强调，作为新时代青年要立大志。“广大青年要肩负历史使命，坚定前进信心，立大志、明大德、成大才、担大任。”[①]在庆祝中国共产党成立100周年大会上，习近平总书记强调，“青年立志”是实现民族复兴大任的重要前提，指出“中国青年要以实现中华民族伟大复兴为己

① 习近平.立大志、明大德、成大才、担大任:习近平寄语广大青年[N].人民日报,2021-04-20.

任,增强做中国人的志气、骨气、底气"[①]。这一系列论述,充分体现了青年学生"志"的重要性。在高校资助育人工作中,"扶志"主要表现为对家庭经济困难学生的精神培育,包括励志教育、诚信教育、感恩教育、社会责任感教育、心理教育等,着力培养学生积极向上、奋发有为的精神面貌。

"扶困"与"扶志"相统一就是在为家庭经济困难学生提供经济援助的基础上,同时为家庭经济困难学生提供更多素养形成、能力提升的机会,帮助家庭经济困难学生培养扎实的专业素养,培养更加全面的职业素养。资助育人工作应超越简单的物质支持,全面关注如何培养学生的自主性、创新能力和社会责任感,实现由外部援助到自我成长的转变。

(二)"坚持'扶困'与'扶志'相统一"的基本要求

在资助育人过程中既要关注"看得到"的物质困难,也要重视"看不见"的精神困难,坚持资助工作"扶困"与"扶志"相统一,应做到以下两个方面:

一方面要转变资助理念。"家庭经济困难学生从表面上来看是经济困难问题,从深层次审视则更多涉及的是由此引发的其他问题,诸如心理缺失、人格缺陷、人际障碍、能力缺失等。他们有特殊的成长境遇。"[②]高校部分资助工作相关人员在思想上比较禁锢,工作方法相对传统单一,把"资助"和"育人"割裂,实际工作中更注重解决学生的经济问题,对家庭经济困难学生开展针对性思想教育和价值引导不够,忽视了"培养什么样的人"这一根本性任务,认为学生的诚信教育、社会责任感等教育与资助工作无关,育人理念不系统不全面,从而导致部分大学生缺乏诚信意识、感恩意识等。

另一方面要积极探索育人实践。首先,高校要注重对家庭经济困难学生的精神激励。通过开展国家奖学金现场评审表彰、"青年五四奖章"评选表彰、"大学生自强之星"评选表彰、"勤工助学之星"评选表彰等活动,培养典型、树立榜样。同时加大对这些优秀典型的宣传力度,激励更多家庭经济困难学生自强不息、励志成才。其次,高校要注重家庭经济困难学生的心理健康,可通过普遍筛查、重点排查等方式,建立家庭经济困难重点学生心理

---

① 习近平.在庆祝中国共产党成立100周年大会上的讲话[N].人民日报,2021-07-02.

② 杜坤林.高校资困助学工作范式转换探析[J].教育发展研究,2012,32(07):74-77.

健康台账，特别对有心理问题的学生开展重点帮扶、重点跟踪。最后，应高度关注学生的思想引领。思想引领是家庭经济困难学生全面发展的先导。高校要拓展思想政治教育手段，在家庭经济困难学生中开展“爱心帮扶”“助学、筑梦、铸人”“助航工程”等主题活动，以成才榜样做示范，以典型案例为带动，让家庭经济困难学生在主题活动和社会实践中进一步坚定成才的目标和信心，进一步增强自我成长的动力。随着经济资助体系的不断完善和发展，在坚持物质激励和精神激励相结合的基础上，逐步过渡到重点关注精神激励，使教育的内容和方式被高校家庭经济困难学生心甘情愿地接受，既从经济上帮助他们排忧解难，放开手脚，轻装上阵，又使他们得到精神滋养和成长，帮助其不断增强自身“造血”功能，保持昂扬奋发的精神状态，进而以更加昂扬的状态砥砺奋发，建功立业！

二、坚持“扶困”与“扶智”相统一

习近平总书记曾指出，“注重扶贫同扶志、扶智相结合，把贫困群众积极性和主动性充分调动起来，引导贫困群众树立主体意识，发扬自力更生精神，激发改变贫困面貌的干劲和决心，靠自己的努力改变命运”①。新时代高校资助育人不仅要将“扶困”与“扶志”相结合，而且要将“扶困”与“扶智”相结合。

（一）“坚持‘扶困’与‘扶智’相统一”的具体内涵

“扶智”主要是通过理论教育和技能培训帮助家庭经济困难学生提升各方面能力和技能。“扶智”是发展性资助理念的重要目标。在社会发展与经济结构不断调整的当下，个体的综合素质和业务能力日益成为实现自我价值和满足社会需求的关键。能力不仅是个体实现自我价值的重要基石，也是社会衡量人才价值的重要尺度。对于家庭经济困难学生而言，要在社会中实现自我价值，全方位提升个人综合能力显得尤为重要，主要包括学习能力、社交能力、组织能力、创新能力和实践能力等多方面能力的全面提升，

① 习近平.更好推进精准扶贫　精准脱贫确保如期实现脱贫攻坚目标[N].北京日报，2017-02-23.

这是在激烈的竞争中脱颖而出、实现个人全面发展的关键。同时，要实现发展型资助，构筑资助育人长效机制，从根本上帮助家庭经济困难学生脱困，必须智随志走、志以智强，实施“志智双扶”，汇聚帮扶合力。

“扶困”与“扶智”相统一，就是在对学生进行经济扶持的同时，帮助其提升自我管理、自我发展、自我教育的能力，实现输血与造血的统一。“扶困”是资助育人工作中的“输血”，能够帮助家庭经济困难学生解决当前的燃眉之急；而“扶智”是资助育人工作中的“造血”，能够增强家庭经济困难学生自我发展的能力，实现“他助”到“自助”的转变。

（二）“坚持‘扶困’与‘扶智’相统一”的基本要求

高校资助育人要实现“扶困”与“扶智”相统一，促进家庭经济困难学生能力提升，就要达到以下要求：

首先，要促进引导学生树立自立自强意识。一是加强对家庭经济困难学生的心理健康教育，引导家庭经济困难学生理性认识经济困难、正视经济困难，并鼓励他们积极进取。二是优化对家庭经济困难学生的心理支持体系。通过心理卫生知识教育、在线心理咨询、心理健康普查等方式，为家庭经济困难学生提供心理支持，提高他们的心理素质。三是加强家庭经济困难学生的榜样引领。注重榜样的引领作用，以高年级优秀家庭经济困难学生成长成才的故事为案例，发挥传帮带作用，鼓励和引领低年级学生安心、放心，更有自信心、上进心地度过大学生活。

其次，要提升家庭经济困难学生的综合素质。遵循学生成长成才规律，把握家庭经济困难学生心理成长规律、认知能力发展规律，培养家庭经济困难学生的综合能力，使其获得个性、智力、能力等各方面素质的综合发展，为其长远发展积聚潜能。在培养家庭经济困难学生能力过程中，不能大水漫灌、大而化之，一定要因材施教，根据家庭经济困难学生的实际需求有针对性、分层分类开展，既要授人以鱼，也要授人以渔，有的放矢加强知识和技能的培训、指导，让家庭经济困难学生在实践中长见识、强本领，在就业竞争中取得优势，助力更长远发展。

三、坚持无偿资助与有偿资助相融合

目前，国家为高校学生提供的资助策略涵盖了无偿资助和有偿资助两大方面，但资助结构存在一定的失衡现象，无偿资助的过度倾斜与有偿资助的相对不足。这种结构的相对不合理性，在一定程度上助长了部分学生的惰性和依赖心理，他们可能因此减少对学业的投入，放松对未来的追求，从而削弱了高校资助体系应有的激励和引导作用。更有甚者，部分学生可能将国家的资助、社会的帮助、他人的援助视为理所当然的个人权利，而忽视了自身所应承担的社会责任和义务。因此，高校资助育人必须坚持无偿资助与有偿资助相结合。

（一）"坚持无偿资助与有偿资助相融合"的具体内涵

无偿资助是指无需学生偿还或付出劳动的经济资助，旨在帮助家庭经济困难学生解决学习和生活中的经济问题，其主要资助方式包括奖学金、助学金、学费减免、隐性补助、"绿色通道"等。其中奖学金是由国家、地方政府、高校和社会力量等多个部门或单位针对品学兼优困难学生的无偿资助；助学金、特困补助和学费减免等一般是针对特别困难学生的无偿资助。对家庭经济困难学生来说，在进行经济困难程度认定的基础上，不需要自身有付出的情况下就可以获得相应无偿资助，这种资助方式在帮助家庭经济困难学生解决经济问题、缓解学生精神压力等方面取得了很好的效果。

有偿资助主要是指家庭经济困难学生在获得资助时付出相应的劳动，或者在获得资助的将来某一时间点偿还资助金额的一种资助方式。这种资助方式强调学生在享受资助的同时，也要通过付出一定的劳动或未来偿还金额来回报社会或金融机构，比较常见的有勤工助学、助学贷款等。在当前高校资助育人体系下，各高校应加强对学生的有偿资助，鼓励学生通过自身努力获得一定形式的劳动所得和资助，通过组织家庭经济困难学生广泛参加形式多样的公益活动，对其加强思想和实践引导，帮助高校家庭经济困难学生树立自立自强的积极思想，改变"等、靠、要"的不良思想。

无偿资助与有偿资助相融合就是在资助育人过程中，既要保障充分的无偿资助,也要推行适度的有偿资助,既确保学生经济上有基本保障,又在有偿资助中强化学生的自立自强意识。

(二)“坚持无偿资助与有偿资助相融合”的基本要求

目前,部分高校资助工作中,有偿资助与无偿资助结构的失衡也容易引发种种问题。一方面,在高校资助育人体系中,由于无偿资助较多,有偿或需偿还的资助方式较少,存在部分学生虚冒家庭经济困难学生身份套取资助资金等现象,一定程度滋生了少部分学生的“等、靠、要”思想。另一方面,高校资助育人体系中的有偿资助较少,家庭经济困难学生对资助工作的主动参与意识不强,社会参与积极性不高,各方面力量循环式资助模式尚未形成,不利于高校资助育人体系的科学构建和可持续发展。因此,坚持有偿资助与无偿资助相融合要做到:

首先,要处理好有偿资助与无偿资助的关系。一方面,尽可能提高资助资金分配效率,扩大资助覆盖面。为保障学生资助长期有效开展,需要确立有偿资助的工作理念,探索发展型资助,“扶困”与“扶志”“扶智”相结合。另一方面,无偿资助是家庭经济困难学生在没有付出的情况下就获取的资助,会削弱学生的进取意识。采用有偿资助,如提供创新创业平台、勤工助学岗位、助学贷款等,将资助与工作或责任挂钩,助困与育人相结合,让学生通过自身努力获得帮助,强化了责任意识,也帮助学生精神脱贫、心理脱贫。比如,有的高校加大勤工助学力度,开展“勤工助学之星”评比,让家庭经济困难学生通过自身劳动获得资助、收获自信;有的高校采取了“短期物质激励+长期精神帮扶”机制,增加学生精神激励,减少物质激励,专门开设人际交往、创新创业、求职、艺术、心理等方面的课程,促进学生全面提升。

其次,需强化资助宣传的力度。宣传既能提升家庭经济困难学生对有偿资助的认识,又能号召社会为无偿资助投入资金,拓宽无偿资助资金来源。资助育人不仅需要高校自身的努力,更需要积极号召社会各界、民间公益组织参与进来,共同回馈社会,为高等教育事业提供稳定的资金支持和勤工助学岗位。通过广泛吸引社会捐赠,我们可以逐步充实高校资助资金池,确保在资金积累到一定规模后,能够灵活、多样地为家庭经济困难学生提供形式多样的无偿资助和有偿资助，形成资助资金的良性循环机制。

最后，以有偿资助促进学生自立自强。传统的无偿资助以直接的捐款、捐物形式，快速补足家庭经济困难学生的生活短缺，这一形式在目前高校资助体系中仍是关键保障。在全面建成小康社会之后，家庭经济困难学生的表现特征又有了新变化，生活上明显短缺的情况逐渐好转，通过自己的劳动获得报酬的意识明显加强，同时获得自我发展、实现自身价值的向往愈加强烈。因此，高校要注重为家庭经济困难学生提供更多校内外勤工助学等有偿资助机会，激励学生自力更生、自立自强。在校内设置勤工助学岗位时要重视对学生能力的培养，让他们在参与学校治理、管理运行中提升办公技能和组织协调能力、表达沟通能力等。同时，广泛争取社会资源，拓展校企合作助学模式，将勤工助学活动与学生的专业知识运用、职场工作锻炼、人际交往等素质能力的提升相结合，让学生在自强不息的劳动中获得自我锻炼与进步，同时又缓解了家庭经济压力。

四、坚持显性资助与隐性资助相融合

资助过程是一个知情权与隐私权相矛盾的过程，在经常性使用直接资助和显性资助等资助方式的基础上，要优化并加大隐性资助方式的使用，既要保证整个过程的公开透明与高效快捷，又要保护受助者的个人隐私，坚持显性资助与隐性资助相融合。

（一）“坚持显性资助与隐性资助相融合”的具体内涵

显性资助是一种通过公开途径，以明确的目标和组织形式向特定的育人对象提供资助的方式。这种资助方式的特点在于其运作过程受到严格的制度规范、明确的程序指引，并且特别注重资助对象的针对性。同时，显性资助对于整个工作流程的公开性和公平性有着极高的要求，以确保资助过程的透明和公正。

隐性资助是指政府部门、学校、社会资助者等通过信息化、数字化手段等方式动态了解学生在食堂等的就餐消费情况，及时通过“润物细无声”的隐性资助方式实现对家庭经济困难学生的帮扶，省略了申请资助的烦琐程序和公示公布信息等环节，充分尊重家庭经济困难学生的心理感受。隐性资助和显性资助相结合不仅反映了学校在资助政策面前的公平和公正，也反映了对家庭经济困难学生的关注和尊重，让他们不因经济困难而贴上标签，保护他们的隐私和自尊，用无声的资助方式从内心深处激发学生的奋进动力。对家庭经济困难学生来说，经济资助当然是必要的，但如果资助方式简单粗暴，就很有可能伤及学生的自尊心，资助的作用就会大打折扣。隐性资助兼顾了资助公平与学生自尊，更加注重对家庭经济困难学生的人文关怀，是一种应不断推广的工作方式。

（二）“坚持显性资助与隐性资助相融合”的基本要求

一方面，要鼓励高校丰富隐性资助的方式。支持高校通过数据化分析、实地走访等方式主动精准摸排家庭经济困难学生的情况，及时发现识别他们面临的困难并通过实施资助跟进解决，既做到精准资助，又让受助者感觉到资助带来的温暖，发挥隐性资助的功能；同时善用大数据对接学校“一卡通”等服务平台，通过整合学生校内的消费数据，准确把握学生的消费水平和实际状况，建立动态的在校学生资助档案，并通过人工智能平台为家庭经济困难学生提供“后台”资助供给。

另一方面，以隐性资助引导学生自尊自爱。由于家庭背景与成长环境的影响，家庭经济困难学生或多或少存在自卑、敏感的心理困扰，因此资助育人工作更要注重他们的安全感与自尊心。有别于显性资助公开透明给家庭经济困难学生发放钱财物品，隐性资助更倾向于结合学生生活所需与特定时节给学生以无声的支持帮助，更显人性化。比如，通过大数据观测，摸准就餐标准低的学生名单，及时向学生校园卡点对点发放就餐补贴，解决其生活上拮据的困扰；在食堂推出爱心能量早餐、爱心营养包等，在宣传上面向全体学生，更是对早起勤学、生活标准偏低的家庭经济困难学生以隐性福利；端午、中秋、春节等传统节日也是开展隐性资助的好时机，可以通过组织免费餐、团拜活动等，将隐性资助与感恩教育等相结合，让家庭经济困难学生充分感受集体的关爱，引导他们自尊自爱，在被爱的同时传递爱。

第四章 新时代高校资助育人的现状分析

党的十八大以来，党和国家高度重视学生资助工作，尤其是党的二十大报告提出要求建立“完全覆盖全学段学生资助体系”，既为新时代高校资助育人指明了方向，同时也对高校资助育人工作提出了更高要求。为全面立体掌握当前高校资助育人的现实状况，特开展实际调查工作，以期全面分析高校资助育人工作的现状、取得的成就、不足之处及其成因，有利于更好地把握新时代高校资助育人工作的历史方位与发展态势，进而为高校资助育人的探索研究提供确切依据。

第一节 高校资助育人现状

本次调查主要从高校家庭经济困难学生现状与资助育人现状两个方面展开。项目组对部分高校的家庭经济困难学生进行问卷调查，共发出问卷400份，收回有效问卷379份，调查结果数据采用SPSS处理。调查对象的年龄分布、男女性别、家庭状况等情况都具有一定的代表性。男生占54%，女生占46%；来自农村的大学生占76%，城镇的占24%；大学一年级学生占30.9%，大学二年级学生占34%，大学三年级学生占22.2%，大学四年级学生占12.9%；家庭月收入2000元以下的占41.2%，2000—4000元的占37.7%，4000—6000元的占15.3%，6000元以上的占5.8%。调查结果在一定程度上能反映家庭经济困难学生的现状。

通过调查，我们了解到，受助学生的经济困难得到一定缓解，大多数家庭经济困难学生思想上积极进取，能正确看待家庭经济困难，有强烈的责任意识，但由于各种原因，家庭经济困难学生还存在一些问题，必须高度关注，采取有效措施。

一、家庭经济困难学生现状调查

为深入了解高校家庭经济困难学生情况，调查从生活状况、思想状况、心理状况、能力状况以及责任意识状况五个方面展开，旨在通过多维度分析家庭经济困难学生状况，从而有针对性地开展高校资助育人工作。

（一）生活状况

近年来，党和国家高度重视学生资助工作，出台了相关资助政策，目前大部分高校家庭经济困难学生的经济困难得到一定程度缓解和改善，但仍有部分学生期望得到更多帮助。根据调查结果显示，74.2%的学生认为目前的资助体系基本能解决自身基本困难，但还希望有关部门和高校进一步优化资助体系。调查统计情况见表4-1。

表4-1 目前的资助体系能否解决家庭经济困难学生的基本困难

	频率	百分比
完全能	84	22.2
基本能	197	52.0
不能	98	25.8
合计	379	100.0

在调查家庭经济收入承受大学费用能力的情况时，相当吃力和完全无法承受的学生占31.1%，有点吃力的占25.1%，勉强没问题的占33.2%，完全没问题的占10.6%，如下表4-2所示。

表4-2 家庭经济收入承受大学费用的能力

	频率	百分比
完全没问题	40	10.6
勉强没问题	126	33.2
有点吃力	95	25.1
相当吃力	91	24.0
完全无法承受	27	7.1
合计	379	100.0

在校家庭经济困难学生的生活状况是学校、家庭和社会都十分关注的问题。根据调查结果显示，家庭经济困难学生每月的生活费600元以下的占10.6%，600—800元的占26.4%，800—1000元的占44%，如表4-3所示。随着经济的持续向前发展，物价总体水平在不断提高，对正处在成长旺盛期的大学生来说，更需要多方共同努力，切实提高他们的生活水平。

表4-3 每月生活费

	频率	百分比
600元以下	40	10.6
600—800元	100	26.4
800—1000元	167	44.0
1000元以上	72	19.0
合计	379	100.0

因为经济条件有限，家庭经济困难学生的生活费主要用于基本生活。在调查"每个月的生活费几成用于基本生活"时，生活费80%以上用于基本生活的学生有59.6%，生活费60%—80%用于基本生活的有34.3%，生活费40%—60%用于基本生活的有6.1%，大部分学生在购物、旅游、休闲、上网等方面的消费较少，这与在访谈中了解到的情况基本相同。

表4-4 每个月的生活费几成用于基本生活

	频率	百分比
80%以上	226	59.6
60%—80%	130	34.3
40%—60%	23	6.1
合计	379	100.0

家庭经济困难对学生带来的影响是高校思想政治教育工作者必须重点关注的问题。据调查，家庭经济困难对大学生带来的影响主要表现在思想、生活、心理、能力和学习等方面，其中思想上困惑的占28.2%，生活上紧张的占45.4%，心理上困扰的占24.0%，能力上受挫的占14.0%，学习上有压力的占25.9%，还有21.4%的学生认为家庭经济困难对自己生活、思想等方面没有影响。具体情况见表4-5。

表4-5 家庭经济困难对大学生带来的影响

	无任何影响的	思想上困惑的	生活上紧张的	心理上困扰的	能力上受挫的	学习上有压力的
总人数	379	379	379	379	379	379
频率	81	107	172	91	53	98
百分比	21.4	28.2	45.4	24.0	14.0	25.9
排序	5	2	1	4	6	3

对家庭经济困难学生实施全方位的帮扶，是其健康成长的迫切需要。家庭经济困难学生在回答“希望学校、学院、社会进一步提供什么帮助”时，41.4%的学生希望减免学费，41.2%的学生希望提供勤工助学岗位，36.9%的学生希望发放生活补助，35.6%的学生希望得到就业指导，29.3%的学生希望提供助学贷款，28.8%的学生希望提供各类奖学金，17.9%的学生希望得到学习指导，16.6%的学生希望得到心理引导，15.3%的学生希望得到思想引导。具体情况见下表4-6。

表4-6 希望学校、学院、社会进一步提供的帮助

	各类奖学金	助学贷款	勤工助学	生活补助	减免学费	思想引导	心理引导	学习指导	就业指导
总人数	379	379	379	379	379	379	379	379	379
频率	109	111	156	140	157	58	63	68	135
百分比	28.8	29.3	41.2	36.9	41.4	15.3	16.6	17.9	35.6
排序	6	5	2	3	1	9	8	7	4

(二)思想状况

了解和分析家庭经济困难学生的思想状况，是开展家庭经济困难学生教育的基础。家庭经济困难学生是大学生中一个需要关注的群体，他们像大多数学生一样，关心国内外时事，有较为敏锐的思维视角，但也有部分学生迫于生活上的艰难，对国家大事表现出冷漠的态度。调查结果显示，有27.4%的家庭经济困难学生经常关注国内外时事，偶尔关注国内外时事的占51%，很少关注国内外时事的也达到了21.6%。具体情况见表4-7。

表4-7 关注国内外时事情况

	频率	百分比
经常	104	27.4
偶尔	193	51.0
很少	82	21.6
合计	379	100.0

大多数家庭经济困难学生对自身家庭经济情况有较为理性的认识,能够树立正确的世界观和金钱观,但也有一部分家庭经济困难学生对此表现出困惑与迷茫。46.2%的学生认为暂时的家庭经济困难磨炼了意志,是人生的宝贵财富,42.2%的学生认为眼前的家庭经济困难并不等于今后经济也困难,21.4%的学生认为家庭经济情况决定幸福指数,20.1%的学生认为暂时的家庭经济困难需要社会的帮助和引导,12.7%的学生认为家庭经济困难阻碍了个人的发展,7.7%的学生认为有钱就能解决一切。根据调查结果可以看到,部分学生对于家庭经济情况仍存在一些思想上的非理性认知,需要加以引导,以帮助其正确看待家庭经济情况,树立正确的世界观和人生观。具体情况见表4-8。

表4-8 赞成的观点情况

	总人数	频率	百分比
暂时的家庭经济困难磨炼了我的意志,有利于个人成才,这是宝贵的财富	379	175	46.2
眼前的家庭经济困难并不等于以后经济也困难	379	160	42.2
家庭经济情况决定幸福指数	379	81	21.4
暂时的家庭经济困难需要社会的帮助和引导	379	76	20.1
家庭经济困难阻碍了个人的发展和成才	379	48	12.7
有钱就能解决一切	379	29	7.7

明确的人生目标和正确的人生观是家庭经济困难学生克服困难的动力源泉。调查结果充分体现了家庭经济困难学生积极上进的人生观,但也在一定程度上表现出其对摆脱经济困窘的无奈和人生的悲观。如表4-9所示,49.6%的家庭经济困难学生认为到大学继续深造是为了更好地完善自己,40.9%的学生是为了找到一份好工作,22.4%的学生是为了更好地回馈社

会,32.5%的学生是为了帮助家庭摆脱经济困难,21.9%的学生是为了今后自己经济不困难。

表4-9 大学继续深造的目的

	为了更好地完善自己	为了找到一份好工作	帮助家庭摆脱经济困难	为了更好地回馈社会	为了今后自己经济不困难
总人数	379	379	379	379	379
频率	188	155	123	85	83
百分比	49.6	40.9	32.5	22.4	21.9
排序	1	2	3	4	5

在了解“在校期间是否参加过公益活动”时,大部分经济困难学生积极参加社会公益活动,懂得服务和奉献。55.4%的学生认为可以锻炼自己的社会实践能力;12.9%的学生认为可以回报社会,服务社会;11.9%的学生认为可以增强大学生的社会责任感;18%的学生则认为参加社会公益活动是浪费时间;1.8%的学生有其他不同观点。由此可见,在被调查的学生中,80.7%的学生在校期间自觉参加社会公益活动,19.3%的学生基本上没有参加过社会公益活动。具体情况见表4-10和4-11。

表4-10 在校期间是否参加过社会公益活动

	频率	百分比
是	306	80.7
否	73	19.3
合计	379	100.0

表4-11 如何看待大学生参加社会公益活动

	频率	百分比
浪费时间	68	18.0
可以锻炼大学生的社会实践能力	210	55.4
回报社会,服务社会	49	12.9
增强大学生的社会责任感	45	11.9
其他	7	1.8
合计	379	100.0

(三)心理状况

受家庭经济因素的影响,家庭经济困难学生的心理更加需要学校、家庭和社会的关注。根据调查结果,有34.3%的家庭经济困难学生认为其心理并未受家庭经济状况的影响,54.7%的学生偶尔有一点自卑,10%的学生经常会出现自卑心理,1%的学生却一直受自卑心理困扰。正因为自卑心理在一部分学生中不同程度存在,部分学生常常表现出悲观、自暴自弃等心理和行为,严重的甚至没有勇气继续完成学业。具体情况见表4-12。

表4-12 家庭经济状况影响心理自卑的情况

	频率	百分比
从来没有	130	34.3
偶尔有一点	207	54.7
经常会出现这种情况	38	10.0
一直被自卑心理困扰	4	1.0
合计	379	100.0

(四)能力状况

受家庭条件和成长经历的影响,家庭经济困难学生往往在能力上表现得较为弱势。随着社会竞争不断激烈,就业压力不断增强,家庭经济困难学生的各方面能力培养越来越受到重视。在调查中,大部分学生能正视自己存在的不足,希望尽量摆脱经济上的困扰,利用校园这个宽广的舞台不断提升能力水平和综合素质,但也透出其对自身能力困窘的担忧。49.1%的学生认为自己缺乏交际能力,29.6%的学生认为自己缺乏就业能力,28.5%的学生认为自己缺乏学习能力,26.6%的学生认为自己缺乏专业能力,23.5%的学生认为自己缺乏生存能力。具体情况见表4-13。

表4-13 自认比较缺乏的能力情况

	交际能力	就业能力	学习能力	专业能力	生存能力
总人数	379	379	379	379	379
频率	186	112	108	101	89
百分比	49.1	29.6	28.5	26.6	23.5
排序	1	2	3	4	5

(五)责任意识状况

近年来,党和国家高度重视学生资助工作,政府和学校将家庭经济困难学生资助工作列为一项重点工作,逐渐完善了“奖、助、贷、补、勤”等资助体系,助学贷款、助学金等力度加大。资助工作要良性运转,家庭经济困难学生的责任意识和责任能力的培养尤为重要。在回答“如果你是已贷款的毕业生,你会采取以下哪些行为”的问题时,83.1%的学生认为应当按时还本付息,认真履行应有的责任和义务,但还有16.9%的学生将在自己有能力的时候再还或是能拖就拖和无所谓的态度,不同程度表现了责任担当的缺失。具体情况见表4-14。

表4-14 如果你是已贷款的毕业生你会采取的行为情况

	频率	百分比
按时还本付息,认真履行应有的责任和义务	315	83.1
经济上有能力的时候再还	54	14.2
不催我就不还	5	1.3
能拖就拖,赚的钱先满足买房等要求	3	0.8
反正是国家的钱,还不还都无所谓	1	0.3
个人信息系统是吓唬人的	1	0.3
合计	379	100.0

表4-15 如何看待国家对高校家庭经济困难学生的资助的情况

	频率	百分比
理所当然是应得的	25	6.6
国家政策好,要懂得感恩回报	317	83.6
无所谓,我不拿别人也会拿	15	4.0
接受资助后心理压力很大	21	5.5
其他	1	0.3
合计	379	100.0

在调查家庭经济困难学生的感恩意识时,大部分学生有较强的感恩意识,83.6%的学生认为国家对高校家庭经济困难学生的资助政策好,要懂得感恩回报,6.6%的学生则认为国家的资助是理所当然应得的,甚至有4%的

学生认为无所谓，我不拿别人也会拿，5.5%的学生认为接受资助后心理压力很大。调查结果反映了家庭经济困难学生对感恩与回报的不同认识和态度。具体情况见表4-15。

在回答“如果你已在国家助学金推荐名单中，你却发现有比你更困难的同学没在国家助学金推荐名单中，你将怎么做”的问题时，42.7%的学生认为主动向老师提出将评选名额让给更困难的同学，也有19.6%的学生认为只管自己或装着不知道，31.1%的学生认为从未想过这个事情。具体情况见表4-16。

表4-16 如果发现有比你更困难的同学没有在国家助学金推荐名单上你会怎么做

	频率	百分比
自己评上就行了，不管别人	32	8.5
装作不知道，顺其自然	42	11.1
主动向老师提出评选名额让给更困难的同学	162	42.7
从未想过这个事情	118	31.1
其他	25	6.6
合计	379	100.0

贷款毕业生能否按要求还款是决定高校国家助学贷款工作是否健康发展的关键，家庭经济困难学生对贷款及诚信还款的认识也各有不同。在分析获贷学生毕业后欠还贷款的原因时，48.8%的学生认为主要源于个人工资收入低，无能力还贷，51.2%的学生认为是因为个人诚信缺失、社会责任不强、银行追贷不利或是存在侥幸心理。具体情况见表4-17。

表4-17 获贷学生毕业后欠还贷款的主要原因

	频率	百分比
个人诚信缺失	95	25.1
银行追贷不利	45	11.9
个人工作收入低，无能力还贷	185	48.8
存在侥幸心理	30	7.9
社会责任感不强	24	6.3
合计	379	100.0

对获贷学生毕业后欠还贷款的行为，74.7%的学生认为应当受到谴责或记入个人诚信档案，21.9%的学生担忧还贷违约会影响在校学生获贷比例，说明大部分同学对今后诚信还贷的认识还是比较到位的。具体情况见表4-18。

表4-18 获贷同学毕业欠还贷款的行为会产生的影响

	频率	百分比
应当受到谴责	102	26.9
应记入个人诚信档案	181	47.8
影响以后在校同学获贷比例	83	21.9
无所谓	13	3.4
合计	379	100.0

在自己获得国家、社会及他人资助后，85.7%的学生表示将珍惜来之不易的资助并将勤俭节约，全部用在解决生活困难上，其他的学生则一定程度表现出资助金归自己所有就应该归自己自由支配的思想。具体情况见表4-19。

表4-19 当你获得国家社会及他人资助后你的想法

	频率	百分比
十分珍惜，将奖助金全用在解决生活困难上	249	65.7
既然资金已经给我了，我想怎么用就怎么用	26	6.9
经济紧张的时候我节约着用，宽松的时候我就大方消费	15	4.0
评选资助金的时候同学都投了我的票，我理所当然应该感谢	13	3.4
资助金来之不易，我做到了勤俭节约	76	20.0
合计	379	100.0

在调查“毕业后如果有能力你是否愿意资助他人”问题时，86.6%的家庭经济困难学生表示自己毕业后有能力的时候一定会资助他人，表现了大部分家庭经济困难学生知恩图报、乐于助人的良好品质。具体情况见表4-20。

表4-20 毕业后如果有能力你是否愿意资助他人

	频率	百分比
愿意	328	86.6
无所谓	32	8.4
不愿意	18	4.7
无	1	0.3
合计	379	100.0

二、资助育人现状调查

为深入了解高校资助育人工作取得的成就与不足之处，本次调查主要从资助育人的内容、主体、方法三个方面展开，通过调查了解家庭经济困难学生对于资助育人的需求，更好地促进高校资助育人精准施策。

（一）资助育人的内容

当前，开展家庭经济困难学生教育已经不能仅仅停留在自立自强、挫折教育等传统内容上，更应该根据学生的现实需要，量身定做教育内容，促进家庭经济困难学生的健康成长。根据调查结果，家庭经济困难学生对高校教育提出了他们自己的想法，为今后高校资助育人工作提供了参考。自立自强教育，世界观、人生观和价值观教育，感恩教育，奉献教育，勤俭节约教育，诚信教育，责任教育等都成为家庭经济困难学生十分关注的教育内容。具体情况见表4-21。

表4-21 你认为目前急需对家庭经济困难学生开展的教育情况

	世界观、人生观和价值观教育	自立自强教育	挫折教育	幸福观教育	金钱观教育	勤俭节约教育	诚信教育	感恩教育	奉献教育	责任教育
总人数	379	379	379	379	379	379	379	379	379	379
频率	156	195	77	66	58	103	90	117	113	85
百分比	41.2	51.5	20.3	17.4	15.3	27.2	23.7	30.9	29.8	22.4
排序	2	1	8	9	10	5	6	3	4	7

（二）资助育人的主体

全员育人是高校教育教学改革的重要内容，是实施素质教育的必然要求。从育人的主体来看，家庭经济困难学生认为，加强诚信教育和责任教育主要靠学生本人，其次是依靠社会和政府，再次是家长，最后是学校老师，这表明家庭经济困难学生的主体意识逐渐增强。在开展资助教育中必须因势利导，充分发挥家庭经济困难学生的主体性、积极性和主观能动性。

表4-22 你认为加强诚信教育和责任教育主要依靠的对象

	频率	百分比
学生本人	216	57.0
家长	50	13.2
社会和政府	95	25.1
学校老师	18	4.7
合计	379	100.0

(三)资助育人的方法

教育方法是提高教育实效的抓手。根据调查结果显示,当前家庭经济困难学生社会责任缺失受到多重因素的影响,包括社会环境、教育力度、家庭以及学生自身等,其影响因子可参考表4-23。改进家庭经济困难学生教育方法,要注重加强实践体验,注重教学和管理中渗透,加强宣传活动营造良好氛围等,还要注意加强个别辅导、加强理论教育、发挥家庭经济困难学生本人的主动性等。

表4-23 你认为家庭经济困难学生社会责任缺失受哪些因素的影响

	社会环境的影响	教育力度不够	家庭的影响	自身要求不严
总人数	379	379	379	379
频率	178	110	151	140
百分比	47.0	29.0	39.8	36.9
排序	1	4	2	3

表4-24 你认为改进诚信教育和责任教育的方法

	加强理论教育	加强个别辅导	加强实践体验	注重教育和管理中的渗透	发挥学生本人的主动性	加强宣传活动营造良好氛围
总人数	379	379	379	379	379	379
频率	90	100	160	154	89	127
百分比	23.7	26.4	42.2	40.6	23.5	33.5
排序	5	4	1	2	6	3

第二节 高校资助育人的成就与不足

高校资助育人工作是落实国家教育方针、政策的重要举措，彰显教育公平的有力体现，随着我国高等教育改革的不断深入推进，越来越多的经济困难家庭子女有机会接受高等教育。但随之也产生了家庭经济困难学生的诸多问题，越发成为家庭关心的焦点、社会关注的热点、学校发展的难点。面对这些问题，高校资助育人工作在改进中不断加强、在实践中深入推进，取得了显著成效。但不可否认的是，新时代高校资助育人工作仍存在一些不足之处，加强家庭经济困难学生的资助与教育，促进其成长成才，仍是当前高校大学生思想政治教育所面临的重要课题，亟须进一步深化改革创新，以实现更高质量、更可持续的发展。

一、新时代高校资助育人的主要成就

长期以来，高校资助工作始终秉持“育人”理念，从“心”入手，把家庭经济困难学生的各种困惑和需求都纳入了思想政治工作范畴，将助学与育人有机结合，构建了一个由思想解虑、经济解困、心理排忧、素质提升、道德养成等子系统模块组成的资助育人体系。这在一定程度上缓解了家庭经济困难学生教育过程中的难题，表现在搭建起了资助育人新平台、探索出了资助育人新机制、营造了幸福和谐的育人环境以及培养了一批自强不息的典型，取得了良好的教育效果和社会影响，推动了高校资助育人工作的创新发展。

(一)搭建起资助育人新平台

搭建了一个富有成效的资助育人工作新平台，实现了资助与育人的有机结合。通过开设“专家讲坛”“政策宣讲”“绿色帮扶”“青春访谈”“素质拓展”等五个模块，采取点面相结合的方式，以破解高校家庭经济困难学生发展难题、实现和谐发展为目标，实行从入学到毕业的全过程跟踪帮扶，从思想、经济、心理、素质、道德等全方位的帮扶，以及进行管理与教育，营造了家庭经济困难学生成长的和谐环境，促进了全面发展。

开设专家讲坛。高校发挥智力资源优势，邀请校内外专家针对家庭经

济困难学生开展各类主题不一的讲座。开展政策宣讲,定期邀请助学贷款受理银行的相关工作人员讲解贷款政策,每年定期对学校各级资助工作人员进行业务培训,并组成宣讲团,深入学生中分专题介绍相关资助工作,帮助家庭经济困难学生全面了解资助政策。实行绿色帮扶。根据学校与学生的实际来实施人性化的物质帮扶措施,从新生入学的绿色通道、床上用品、军训服装到毕业的学费减缓;从御冬棉衣到春节红包;从回家路费补助到家庭经济困难学生家访。开展青春访谈。针对学生青春成长需要,开展师生间、学生间的交流、座谈、论坛、辩论等活动。例如,高校通过校领导、学工处领导、各学院学生工作老师分批次与家庭经济困难学生展开面对面座谈;邀请全国大学生年度人物、自强不息的典范、优秀校友、家庭经济困难学生创业典范等与低年级学生展开面对面交流。推进素质拓展,针对家庭经济困难学生能力、道德等素质提升开展相应的活动,例如对勤工助学的家庭经济困难学生,部分高校开展了针对不同岗位的技能竞赛活动,每年评选一批"勤工助学之星"。除此之外,还有高校投入开发了阳光(综合)服务平台和学生管理服务平台,实现勤工助学一站式服务。依托该平台设立教学助理、科研助理、学风建设等勤工助学岗位,加大帮扶、关怀、监督、引导,培养学生多种能力;在资助工作方面,通过推进学生资助管理信息化建设,家庭经济困难学生认定、奖助学金评审、勤工助学管理等功能模块字段信息与全国学生资助管理信息系统字段的对接匹配,为实现系统间数据无障碍互动提供保障。高校从思想、经济、心理、素质和道德等方面对家庭经济困难学生的全方位帮扶,实现了在帮困中育人、在育人中帮困的良好效果。

(二)探索出资助育人新机制

构建和完善了"社会—学校—学院—班级—家庭"五级育人网络,每一层级发挥自身优势,同时各层级间又相互补充。

社会是资助育人的依托,政府对家庭经济困难学生的资助与关爱,是推进资助育人的基本保障,学校客观、公正、透明贯彻和运用好政府的资助政策,确保每一个家庭经济困难学生及时得到政府的关爱;社会爱心人士、校友作为高校资助育人的一个重要群体,既乐于从经济上资助大学生,更乐于在精神上帮扶家庭经济困难学生。高校通过广泛发动社会力量和校友，成立了助学基金，每年资助家庭经济困难学生完成学业，在资助的同时，为高校家庭经济困难学生开展励志方面的交流，从自身经历谈起，激励家庭经济困难学生自强不息。

学校是资助育人的重要主体，能够在资助政策、资助保障、育人环境等较高层面进行规划与管理，具体通过资助领导小组、资助办公室等机构来实现和推进，为全面推进资助育人工作奠定良好的基础，逐步建立了学工、教务、财务、后勤等多部门联动的协调机制。高校在坚持五级育人网络的基础上积极发挥育人主体的主动性，通过重构资助育人新格局，形成以学校资助管理中心为领头，学院资助专干、班主任、校友导师、学生干部队伍为主体的资助育人队伍。校友导师通过现场指导或线上指导、开展论坛讲座、带领在校生实习实践等多元化形式，与在校生充分交流，分享职场经验与人生感悟、提供行业前沿信息与技术分享，对在校学生专业技能提升、职业生涯规划、心理问题疏导等方面提供指导帮助。除此之外，高校还依托学生信息管理与综合服务平台促进资助工作专门队伍、专业教师以及管理服务队伍的协同融合，形成育人合力。分级分层组织资助辅导员、新进辅导员、班主任、广大学生骨干开展资助业务培训，确保学生资助队伍敬业、专业，形成层层推进、人人参与、齐抓共管的工作格局。同时，积极调动学校、家庭、社会、政府等多方面资源，设立各类奖学金和职业技能培训专项资助。

学院是资助育人工作的推进者，落实是不是到位，工作扎不扎实，主要还得依靠学院层面。明确了各学院分管学生工作的责任领导为学院资助育人的第一责任人，学院分管资助工作的辅导员为直接责任人。为了强化学院此项工作，各学院在学生会中专门设立了助学部，专门负责资助育人的各类具体事项。

学生班级是资助育人工作的基本细胞，直接体现了资助育人的完成质量，在班级设有助学委员，负责落实学院布置的各项具体工作，及时了解和报送家庭经济困难学生的有关信息，确保工作更细更实。

家庭是资助育人工作的重要基础。家庭的基本经济保障，能较好地缓解经济困难学生求学的经济压力；家庭的教育与和谐氛围，能较好地缓解经济困难学生求学的精神压力。注重与经济困难学生家庭的联系，通过启动家访制度和邀请家长到学校开展协同教育，充分发挥家庭教育的积极作用。

（三）营造了幸福和谐的育人环境

高校重视家庭经济困难学生的资助与教育工作，采取一系列措施，打造了家庭经济困难学生健康成长的和谐育人环境。家庭经济困难学生面对的困难比别人多，从小吃的苦也比别人多，克服重重困难上大学后，更需要学校为其营造一个健康成长的幸福氛围。高校在开展家庭经济困难学生资助工作时，实现了传统意义上的经济资助与精神扶持相结合，不仅注重资助育人的全面性，更注重资助方法的人性化。切实以学生为本，将“爱”“暖”“幸福”“和谐”等贯穿于资助育人的每一环节，为家庭经济困难学生打造思想解虑的生态环境、心理排忧的和谐环境、综合素质的提升环境和社会道德的养成环境。高校以打造幸福和谐的育人环境为路径，消除经济困难学生在成长道路上的困惑与困难，引导他们树立正确的世界观、人生观和价值观。

长期以来，高校资助育人工作形成了以经济资助为重点，以精神帮扶为目标的全方位模式：依托政府日益完善的家庭经济困难学生资助体系，学校加大力度，形成了以政府、社会与学校为主体的家庭经济困难学生资助体系。注重经济资助道德人性化，在经济资助中注入精神关怀，重视家庭经济困难学生的心理教育与疏导，深入开展责任教育，努力培养家庭经济困难学生的自信心和行为能力。在资助育人体系的构建方面，高校形成了以学工系统工作人员为主体、以多方面力量为支撑的全员模式，注重队伍建设和氛围营造，队伍分工更加明确，工作运行更加顺畅，积极发动全校师生员工参与资助育人工作，通过开设“爱心互助吧”，打造“爱心传递志愿者工程”，成立“种子助学基金”等方式实现了学校上下全员联动的良好育人氛围，将资助育人渗透到家庭经济困难学生大学生活的全过程。部分高校资助工作开展得有声有色，培育的优秀典型受到了社会各界好评和媒体争相报道。例如，新华社、《人民日报》、《光明日报》等中央媒体集中报道了何平的先进事迹，《中国妇女报》《湖南日报》媒体报道了家庭经济困难学生杨湖广捐献骨髓的义举等优秀事迹，产生了良好的社会影响。

（四）培养了一批自强不息的典型

高校积极开展资助育人工作，激励了一批批优秀的经济困难学生自强不息，涌现出许多感人的先进事迹和优秀的学生典型。高校积极推广资助育人工作典型经验，引导各二级学院将资助工作的重心转移到精准资助和资助育人上来，把资助工作落脚到人才培养这个核心任务上来。同时，通过组织开展国家奖学金获奖者、励志成长成才优秀学生的宣讲，以典型事迹激发广大学生奋发向上、励志成才、报效祖国。例如，被媒体誉为"向日葵女孩"的何平同学，家境困苦，父亲残疾，母亲患有间歇性精神病，弟弟患有先天性心脏病，她一个人挑起家庭的重担，带着弟弟上大学，一个人在课余打七份工来维持生计并负担父母的医药费，生活十分辛苦。但何平同学顽强坚韧，勇敢面对困难，乐观面对生活，学习成绩优秀，积极参加各种文艺活动和公益活动，并顺利考取湖南科技大学硕士研究生继续深造。她的感人事迹被全国各大媒体争相报道，先后被评为全国道德模范提名奖、全国大学生年度人物、湖南省道德模范等一系列荣誉与奖励，并得到中央领导的多次亲切接见。"2012年度大学生自强之星"赖庆林同学，其身患眼癌，视力每况愈下，几乎接近失明，家庭因为给其治病也背上了沉重的经济负担，但赖庆林同学并没有被疾病和困难所吓倒，而是微笑面对一切，用比别人付出更多的代价执着追求自己的艺术梦，其感人事迹先后得到中央电视台等各级媒体的报道。"2012年度全国大学生自强之星提名奖"获得者宋琼同学，中学时家庭遭遇车祸，自己失去右腿，母亲没有行动能力，父亲为了照顾母女俩不得不辞去工作。进入大学后，宋琼同学并没有退却，而是勤奋学习，以优异的成绩报答父母、学校和社会。高校通过开展资助育人工作，使家庭经济困难学生在学习上更安心，生活上更舒心，激励了大批家庭经济困难学生勤奋学习，自强不息，产生了良好的示范效应，形成了资助育人的良好局面。

二、新时代高校资助育人的不足之处

马克思说："问题就是公开的、无畏的、左右一切个人的时代声音。问题就是时代的口号，是它表现自己精神状态的最实际的呼声。"①要把握问题的

①马克思、恩格斯.马克思恩格斯全集(第40卷)[M].北京:人民出版社,1982:289.

实质，找准解决问题的解决之道，必须直面问题、研究问题。2017年中共教育部党组颁布的《高校思想政治工作质量提升工程实施纲要》将“资助育人”纳入高校思想政治工作“十大”育人体系之一，明确了推进高校资助育人高质量发展的新思路。新时代高校资助育人工作实现了从单纯的经济帮扶向培养家庭经济困难学生能力发展的转变，将“扶困”与“扶智”、“扶困”与“扶志”相结合，构建物质帮助、道德浸润、能力拓展和精神激励有效融合的资助育人长效机制。然而，在资助育人的实际落实过程中，还存在不足之处，资助与育人并未真正有效融合，资助对象的认定还需要更加精准，合力需要更加凝聚，方式需要更加多元，功能需要更加全面。

（一）资助对象认定需要更加精准

资助育人对象的认定长期以来一直是高校资助育人工作的重点和难点。实现精准资助的基础是对资助对象的精准认定，一方面，要定性把握家庭经济困难学生群体，另一方面，还要定量判断其家庭经济困难程度。目前，因地区发展差异，我国家庭经济困难认定未设立全国统一的认定标准。教育部以及各省市教育厅下设单位认定标准文件通常只提供指导性意见，具体的认定标准往往由教育部下发给各高校，由各院校根据实际情况制定符合校情的认定标准。因此，高校在开展家庭经济困难学生认定工作时会出现认定标准重定性指标、困难等级认定主观性强、认定指标设置缺乏科学性以及消费水平判定不准确等现象，难以实现“打赢”向“打好”转变、实现保障性全面资助与差异化精准资助相结合，难以满足学生多元化资助需求和个性化发展需求。

一是信息化建设和大数据分析有待完善。一方面，当前大部分高校学生资助管理部门都在积极推进资助信息化建设，但学校资助系统的数据往往与社保中心、残联等部门的数据还未实现有效衔接。高校内部资助系统与其他系统也未实现深度融合，加上目前高校对资助系统中存在的大量学生数据还未进行有效的分析应用，数据难以为精准资助、跟踪培养提供决策支撑。另一方面，高校在家庭经济困难学生资助标准认定中常常将家庭收入和消费水平是否平衡作为重要依据，却忽略了我国经济发展不平衡的特点，来自不同城市的学生受地域条件的限制，其家庭收入在当地能够达到收支平衡，然而在一线城市中，其收入与学生所在高校的支出可能存在误差，导致出现认定标准不合理等现象。

二是真实性验证仍是考验。2019年，根据国家政策的调整，高校家庭经济困难学生的认定无需再提交《高等学校学生及家庭情况调查表》，而是由学生自主申请并提供相关的佐证材料。学校对学生所提供的材料进行核实查证，从学院到学校逐级举行民主评议。首先，高校在进行家庭经济困难认定过程中往往会结合学生的消费情况、生活情况等展开认定，这就对学生提交的申请材料的真实性及目的性与家庭经济情况匹配度有待考究，对评议工作的客观性提出了更高的要求，加大高校认定工作难度，影响认定的精准度。其次，学校及学院成立的评议小组对家庭经济困难认定的主观性较强，对周围同学的情况较为了解，容易受到先入为主思想的影响，在一定程度上影响了认定工作的公平性，且无法规避学生在申请材料上弄虚作假和评议小组的人情帮扶。最后，“隐形困难”“伪贫困”等现象长期存在，严重影响了资助育人对象的认定。党和国家对高校资助的资金投入越来越大，每年接受资助的家庭经济困难学生数量也在逐年增加，但在高校中还存在一部分学生因为自卑、自尊心强等原因，不愿意接受资助，导致需要资助的学生失去了受助机会。除此之外，高校在开展家庭经济困难资助认定工作时，还存在一部分学生家庭经济不困难，但因申请材料显示“困难”而获得了资助，最后导致家庭经济不困难的“伪贫困”学生获得了资助和部分家庭经济困难学生多次获得资助等问题，家庭经济困难学生的认定困难最终导致了资助育人对象的认定不精准，影响了后续工作。

（二）资助育人合力需要更加凝聚

2006年，《教育部关于进一步加强高等学校学生资助工作机构建设的通知》要求各高校成立专门的学生资助管理中心并配备专职工作人员，这一举措明确了高校学生资助工作的负责主体，进一步规范了资助工作的管理和组织。在新形势下，随着教育对象特性和成长需求的不断演变，传统单一的育人主体已逐渐显示出其局限性，无法满足日益复杂的育人需求，难以从

“单一打”转向“组合拳”。有效协同辅导员、专任教师、高校管理人员，以及家长、校友等全社会的力量，整合内部凝聚育人资源与外部拓展资源，强化多主体的育人意识和责任担当，以不同人员的育人优势形成育人合力显得尤为重要。

资助育人是高校资助工作的本质要求，是高校“三全育人”综合改革的重要内容。“三全育人”理念为高校资助育人工作提供了新的视角与方法，但在协同育人工作的具体实施中有待进一步完善。首先，在全员育人上，高校的每一个成员作为高校工作的一分子都应当承担起资助育人的重要责任，包括教学岗、行政岗、后勤岗以及受教育学生，缺一不可。教育部原部长陈宝生指出：“各地各校要形成全员参与、各部门配合、各个教育教学环节统筹协调的资助育人机制。”[①]当前高校资助育人工作的执行主要是学校资助育人主体牵头，二级学院配合执行，而教育、科研、服务等部门未融入资助育人工作之中，忽略了这些部门在资助育人中的重要作用，无法形成广大教职工协同育人合力。其次，在全方位育人上，一方面，高校开展家庭经济困难学生的教育主要是针对世界观、人生观和价值观教育，自立自强教育，感恩教育和奉献教育，而缺少诚信、责任意识等方面的教育，教育内容不够完善，不利于家庭经济困难学生的健康全面发展；另一方面，大部分高校的资助育人工作往往是由高校独立完成的，缺乏政府资源、社会力量、校际资源等的有效整合。因此，高校要继续完善国家、社会、学校、家庭多方协同机制，为家庭经济困难学生提供全方位服务。最后，在全程育人上，高校资助育人工作具有整体性，资助育人工作贯穿于学生入学到毕业的全过程。但是当前高校普遍存在资助育人工作“条块分割”的现象，二级学院往往会为了完成学校的任务，仅仅开展家庭经济困难学生评定工作，而忽视了育人工作。一方面是缺乏资助育人工作的全过程跟踪，另一方面是缺乏从入学到毕业的全过程教育。高校如何协调好不同部门的资助育人工作是资助育人工作的重点和难点，亟需围绕家庭经济困难学生的发展需求，明确各部门、各院系的职责和重点，不断完善资助育人的工作流程、工作内容和工作方法。

---

①陈宝生.进一步加强学生资助工作[N].人民日报,2018-03-01.

除此之外，高校资助育人工作还存在校院联动机制不够完善的问题。高校资助育人工作涉及多个部门和学院，需要各部门之间密切协作，形成合力。然而，在实际实施过程中，由于部门间沟通不畅、职责不清等原因，导致资助育人工作难以形成有效的联动机制。当前，部分高校已经基本形成了由校领导担任组长的资助工作领导小组，初步搭建起了“学校资助工作领导小组、学校资助管理机构、学院资助工作小组、班级资助评议小组”四级资助育人工作机制，但在四级工作机制推进和落实过程中还存在着诸多困难。例如，对于学校资助育人工作领导小组来说，学校资助工作的顶层设计不全面、学生资助管理工作规范不健全等问题；对于学生资助管理来说，学生资助工作规范化水平不高，不能有效保障资助育人政策措施落地。对于学院资助工作小组来说，二级学院领导、组织、审核、监督家庭经济困难学生的资助帮扶工作动力不足，加之人力不足等客观原因，导致资助育人工作中的教育投入积极性和主动性不高。对于班级帮扶小组来说，由于帮扶小组建设不够完备，班级资助信息员不能发挥实效。以上种种情况的存在，使资助工作难以形成育人合力，影响高校资助育人的实效。

(三)资助育人方式需要更加多元

党的二十大报告对于我国加快建设数字中国提出了明确要求，构建以数字引领的学生资助管理体系，是推进学生资助治理体系和治理能力现代化的有力支撑。随着社会信息化的快速发展，数据科学正产生着深远影响，高校学生资助工作需要以新思维和新方法来适应大数据时代的新要求，高校资助育人工作要从传统向智慧转变，充分利用智能化、数字化平台完善资助育人工作体系，促进家庭经济困难学生的全面发展。

首先，资助方式未从传统向现代转变。一方面，高校资助政策在贯彻实施的过程中，包含家庭经济困难学生认定、奖助学金发放、资助效果评估等多个环节。传统资助工作在前期需要学生填写大量表格，后期则由资助工作人员人工核查信息、确认发放，高校未能充分利用大数据开展资助工作，导致在资助工作中存在认定体系不标准、学生数据不全面、信息反馈不畅通等问题，阻碍了高校学生资助工作的开展。大部分高校资助信息化程度较低,只能利用信息化系统对学生基础数据进行存储和简单管理,缺少精准、灵活、智能的功能设计来为精准资助服务。另一方面,随着时代的发展,高校资助育人的环境不断变化,资助育人方式也应当从保障型向着发展型深度转变。保障型资助是以保障家庭经济困难学生学费和生活费为主的基本的、单一型资助,发展型资助则是高校在经济资助的基础上,根据受助学生的发展规律和实际需求,通过物质帮扶、精神引导以及素质拓展等方式,促进学生综合能力全面提升的资助体系。然而,部分高校在开展资助工作时固守传统的保障型资助,未能有效利用大数据带来的便利不断完善资助方式。除此之外,坚持数据量化的同时也应当注重资助的方式要有温度,能够激发受助学生的斗志。受助学生往往自尊心强、更注重隐私保护,不愿周边同学知道家庭经济困难情况,不愿自己成为他人同情施舍的对象,甚至有些家庭经济困难学生为此放弃申请助学金,但他们对自己能参与、能做主的事情更感兴趣,更愿意通过自己的劳动获得报酬,这样既更有尊严,又能在劳动实践的过程中提升素质能力、展现自我价值。这就需要高校不断优化资助方式,加强隐性资助和有偿资助,让受助对象更有尊严感和获得感。

其次,资助育人方式未从传统向智慧转变。数智化时代的到来为高校资助育人工作提供了充分的便利,使得高校资助育人方式不再局限于线下的面对面交流,而将资助育人工作拓展到网络空间。然而高校在健全和完善资助育人体系过程中,传统的资助模式僵化和资助过程流于形式等问题使得学生资助工作难以发挥育人效果。目前,仅有极少数教师能够采用多元化的资助育人方式来对学生进行教育,灌输式说教的方式仍旧是当前使用频率最高的一种育人手段。在现实的工作中,大多数教师会采用组织班会、开展讲座等线下方式,为学生传输、解读与资助相关的政策,针对单个学生或者集中式的说教不仅会使资助育人显得枯燥乏味,还会导致资助育人的感召力大幅下降。只有部分教师会秉持“让数据多跑路、让学生少跑腿”的原则,兼顾数字化与智能化,通过数据分析、比对,及时开展资助育人工作。除此之外,高校在对家庭经济困难学生开展资助育人工作时大部分仅停留表面,前期没有预见性,中期缺乏针对性,后期缺少跟踪调查,导致资助育人效果不理想,难以真正发挥资助育人的作用。

(四)资助育人功能需要更加全面

在我国高校资助育人体系中,资助是手段,育人是目的。因此,高校在开展资助育人工作时,要使得每一项资助制度都蕴含着丰富的育人价值,以实现每一个家庭经济困难学生上得起学、上得好学、能成才且成好才的目标。近年来,随着高校资助体系的进一步完善,高校取得了较好的资助育人效果,然而,在育人功能方面仍然未能从“输血式”向“造血式”转变。

一是高校资助育人对家庭经济困难学生的思想引导和心理疏导不足。当前,高校资助育人侧重于“扶困”功能,主要以解决学生的实际困难为要旨,确保实现“不让一个学生因家庭经济困难而失学”的目标,保障每一个考上大学的学生可以接受公平的高等教育机会。然而,高校在大力确保家庭经济困难学生的基础性需求时,忽略了家庭经济困难学生的思想和心理方面的教育和引导。调查结果显示,24%的家庭经济困难学生存在因经济问题导致的心理困扰,16.6%的家庭经济困难学生希望得到来自学院、学校以及社会的心理引导。大部分家庭经济困难学生在受到资助后,均会产生发奋图强的心理,然而一部分家庭经济困难学生在进入大学后亲身感受到了自己家庭与城市生活水平之间的巨大差异,产生自卑心理,甚至产生了强烈的仇富心理及对社会的不满情绪。家庭经济困难学生的种种思想价值观偏差及心理健康问题,不利于其健康成长。

二是高校资助育人不能有效激发学生的情感。高校资助育人中的资助项目既包括具有偿还性质的资助,也包括无偿资助。其中,具有偿还性质的资助为贷款资助,家庭经济困难学生在毕业参加工作后有能力偿还贷款时,需逐步偿还资助金额。此外,国家奖学金及勤工助学需要受资助的家庭经济困难学生在学习上或研究方面取得一定的成就,或通过自身的劳动来换取补助。除此之外,高校资助方式中的困难补助、学费减免以及助学金等均属于无偿资助。高校资助工作让学生充分感受到来自国家、高校和社会的关爱,有利于激发学生的爱国情感,以及对国家、社会和高校的高度认同感,培养学生的感恩心理。然而,在高校资助育人工作中这一功能并没有得到充分发挥。调查显示,大部分的家庭经济困难学生认为面对国家的资助要懂得感恩,但仍有10.6%的家庭经济困难学生认为国家的资助是理所当然,自己不拿,别人也会拿。许多学生在得到资助后,不但没有感恩心理,反而对高校或国家提出了更过分的补偿要求,并在没有实现补偿要求后,对高校或教师产生怨恨的情感,背离了我国无偿资助设立的初衷。

三是高校资助育人对学生整体素质的培育力度不够,塑造学生品格的系统不够健全。一方面,高校资助育人功能还承担着培养学生诚信品质和自强品格的功能。这种对高校受资助学生的品格塑造是一个系统工程,也是一项极为复杂的工程,存在于高校各个资助环节,需要不断对高校大学生进行引导。高校资助育人对受资助大学生的品格教育不是一朝一夕能够完成的,而是需要经过不断强化和长期、持续的培养。另一方面,高校资助育人的目的是在解决家庭经济困难学生后顾之忧的基础上,促进学生的全面发展。然而,在实际工作中,高校资助育人工作更偏向于家庭经济困难学生经济方面的帮扶,而忽视了对家庭经济困难学生整体素质的提升,“输血”大于“造血”,导致家庭经济困难难以形成可持续发展能力,不利于其全面发展。

第三节 高校资助育人的制约因素

探析新时代高校资助育人存在不足之处的制约因素,可为高校资助育人对策建议的提出打下基础。对高校资助育人不足之处进行原因分析时,要遵循唯物辩证法的基本原则,从历史和现实两个方面展开分析。只有对各种影响因素进行深入分析,才能精准施策,破解不良因素的掣肘,不断提升新时代高校资助育人效能。

一、高校资助育人的历史制约因素

马克思说:“人们自己创造的历史,但是他们并不是随心所欲地创造,并不是在他们自己选定的条件下创造,而是在直接碰到的、既定的、从过去继承下来的条件下创造。”[①]回顾高校资助育人的发展历程,高校资助育人的积淀相对薄弱,当前高校资助育人对传统模式存在一定的依赖性。

①马克思、恩格斯.马克思恩格斯选集(第1卷)[M].北京:人民出版社,2012:669.

(一)高校资助育人的积淀相对薄弱

新时代高校资助育人工作是在高等教育事业的快速发展和育人对象变化的综合影响下逐渐发展起来的,在理论与实践、顶层设计等的发展上还不够成熟。目前高校在开展资助育人工作时会遇到各种问题,其中一个重要原因就是目前高校资助育人理论构架和实施体系还不够完善。

首先,资助育人实践发展起步较晚。一方面,目前高校的资助体系主要以保障型为主,发展理念和思想观念尚未成熟,在关于“什么是资助育人”“资助如何育人”等问题的认识上不够充分;另一方面,思想政治教育是高校资助育人工作的重要支撑,高校资助育人工作适用于一般的思想政治教育理论,但除此之外,资助育人还有丰富的内涵和外延,需要在发展过程中不断使其科学化、系统化和规范化。由于高校资助育人发展不成熟,容易出现资助对象需要更加精准、育人合力需要更加凝聚等问题,使高校资助育人工作无法有效开展。

其次,高校对资助育人理论缺乏深入的研究。资助育人理论的研究作为思想政治教育研究领域中的重要一环,应当引入科学的、前沿的研究成果,再根据实际情况不断完善资助育人工作。但目前高校关于资助育人的理论研究相对滞后,往往只是根据国家的政策无差别实施,开展资助育人的工作人员能在实践中发现问题,但由于缺乏过硬的学术理论研究能力,无法准确地对遇到的问题和情况进行概括和总结;而进行专业理论研究的教育工作者往往又脱离大学生的日常思想政治教育,且只专注于自己感兴趣的课题。种种因素导致高校资助育人的理论研究缺乏深度和广度。总而言之,由于高校资助育人总体发展不成熟,导致高校资助育人工作出现了资助育人对象认定需要更加精准、资助育人功能需要更加全面等情况,高校资助育人工作应当在时代的发展和进步中不断完善,形成科学有效的资助育人体系。

最后,高校资助育人顶层设计松散。目前,我国高校资助教育还停留在“经验探索”阶段,尚未形成统一且坚实的理论支撑,同时也缺乏一套系统、明确的实践指南。尽管《高校思想政治工作质量提升工程实施纲要》已将资助育人纳入“十大”育人体系,并在政策层面对其目标、内容及对象进行了宏观指导,但在实际操作中,仍面临着理论化和系统化不足的问题。一是对资助育人的内涵和外延缺乏明确的阐释和规范,对高校资助育人工作的开展仍处于感性的经验层面,缺少理性层面的一般抽象,实践的发展亟须理论层面的指导。二是在资助育人工作中,缺乏路径、方法机制等方面的规范指引。大多数育人主体仍处在自发组织的状态,缺乏统一、系统的规划和指导。这种无序的状态不仅可能导致资助育人工作偏离正常轨道,还可能加深育人主体和对象对育人工作的困惑,进而引发学生思想与行为之间的矛盾和偏差,最终妨碍资助育人的科学、有序发展。

(二)高校资助育人制度不够完善

资助育人制度是保障资助育人效果的关键所在,遵循制度能够促进事务有效运转。科学有效的规章制度是高校资助育人工作开展运行的重要前提,各项制度的制定,不仅要管当下,还要管长远,要真正立足长远,构建科学性、系统性的资助育人规章制度体系。但部分高校在资助育人的规章制度建设方面,仍存在一些亟待破解的问题。许多高校在制定有关资助的政策时,通常只是对国家政策的照抄照搬,没有深入了解学生的特点和学校的工作实际,导致高校资助政策的实际操作性不强,缺乏科学性。还有部分学校没有建立起资助育人的相关制度,资助育人工作混乱,无法做到有章可循,不利于资助育人工作的有效开展。

第一,高校资助制度不完善。一是由于家庭经济困难学生的困难程度不同,高校如何精准控制资助力度并按照学生家庭经济困难程度进行按需资助,是当前高校亟须完善的工作。二是当前高校还存在着资助力度不够精准的问题,具体表现为:部分家庭经济困难学生因资助过少而解决不了问题、达不到帮扶效果;部分家庭经济困难学生资助过多浪费了资源,给别有用心的人以可乘之机,从而影响了物质资助工作的公信力。当前高校的资助方式基本都是统一给予家庭经济困难学生“经济型”资助,而“发展型”资助仍存在较大缺口,导致家庭经济困难学生容易出现心理疾病、厌世厌学等“复合型”难题,资助的育人效果不佳。

第二，在家庭经济困难学生的资助工作中存在多个环节，每个环节都应当设置相应的监督制度，以确保资助工作的公开性和透明度。资助育人工作的监督考核，包括资助育人的制度制定与执行情况的考核、资助育人过程的考核、资助育人效果的评估等方面。目前高校资助育人工作的考核评价体系尚不健全，评价指标不明确，影响了资助育人的整体性监督工作。一是在资助项目中的勤工助学、奖学金发放中，高校通常采取班级评议小组进行评审的原则，然而在其过程中却存在不少评议小组成员选择与自己关系较好的同学，甚至在一些高校中还有家庭经济困难学生在评选前通过各种形式进行拉票。对这些评选中的不良现象，高校缺乏相应的监督制度，由于监督不到位而造成资助不精准的现象。二是高校在资助过程中，通常由各班级或各院系选出资助对象，经由学院公示，在公示期内一旦受助者被举报，核查属实则撤销该家庭经济困难学生的受资助资格。然而，在资助实践中，大部分学校的公示期流于形式，绝大部分学生出于不找事的心理，不愿揭发。三是在当前的高校资助育人实践中，大部分高校在家庭经济困难学生获得资助款项后，较少对其进行监督，导致一些受助学生在拿到资助金后，并没有使用在学习上和生活上，而是将其用于游戏装备的购买、奢侈品的购买等，不注重学习的提升和整体综合能力的进步，自甘堕落，出现获得资助的学生不但没有顺利完成自己的学习任务，反而出现多门课程成绩不及格，更有甚者被学校学业警告或退学。这种不良现象会使努力学习但没有获得奖学金等资助的学生产生严重的不平衡心理。除此之外，部分家庭经济困难学生毕业后出现欠还助学贷款等现象，这源于部分高校没有建立起或缺乏对后期资助育人效果的相关监督考核，资助育人工作的成效得不到反馈，无法及时调整资助育人工作的方式方法、措施手段。

二、高校资助育人的现实制约因素

高校资助育人的场域是由育人者根据育人需求共同构建和维护的，是开展资助育人实践活动的空间网络。一个场域实际上就是一个网络，多种位置同时出现在这个网络之中，可以将其看作一个构型，但要客观限定网络中的每一个位置。[①]高校资助育人工作不是孤立存在的，校园、社会、家庭、

①布迪厄、华康德.实践与反思：反思社会学导引[M].李猛、李康译.北京：中央编译出版社，2004：133-134.

网络等都可作为高校资助育人的具体场域，场域中的各要素发挥积极、正向的行为，高校资助育人工作的有效性就能得到提高，反之亦然。

（一）世情：西方多元思想文化的强力冲击

习近平总书记在党的十九届五中全会上强调："当今世界正经历百年未有之大变局，国际环境日趋复杂，不稳定性不确定性明显增加。"①百年未有之大变局下，资本主义与社会主义两种制度深度博弈，各种思想文化间的交流与碰撞更加频繁，这使得我国意识形态领域面临的形势和斗争更加复杂。大学生正处于价值观形成的关键时期，往往成为敌对势力竭力争取和积极利用的对象。因国际传播秩序仍呈现"西强东弱"的格局，伴随而来的新自由主义、历史虚无主义、"普世价值"等错误思潮通过网络社区、搜索引擎与热门话题竞相发声，在这些社会思潮"充满激情的话语旋风"的表象背后，均隐含着操纵性极强的意识形态渗透，都包含有一套蛊惑人心的观念系统和价值传播系统。西方敌对势力通过互联网等现代传媒方式，竭力宣传西方的价值观念、意识形态等，企图将异质社会思潮强势渗入大学生精神生活，对大学生主流价值观形成了严峻挑战。家庭经济困难学生思想活跃但不够理性成熟，喜欢新奇刺激而甄别能力不强，面对泥沙俱下的多元思想文化冲击，部分大学生难以做出正确选择，势必会导致部分大学生价值观混乱，继而出现信仰迷茫甚至信仰危机。可见，多元思想文化的冲击，削弱了主流意识形态教育的权威性，弱化了理想信念教育的价值，销蚀着主流文化宣传的主导作用，进而消解了高校资助育人的实效性，不利于资助育人更好效果的实现。

（二）社情：新媒体时代网络信息的舆论冲击

互联网的触角已经伸到了世界的几乎每一个角落，信息在网上的流通已经不再受到时间和空间的限制，信息传递与现实行动间的时间差急剧缩短。新媒体时代网络信息的舆论冲击也为高校资助育人工作带来了严重的挑战。随着信息和互联网产业的飞速发展，新媒体技术的盛行和普及使校

①中国共产党第十九届中央委员会第五次全体会议公报[N].人民日报,2020-10-30.

园环境不再封闭，尤其是短视频、新闻客户端、微博、微信等各类App的广泛使用，使大学生即使不出校门，也可以随时随地接收来自全球的信息和奇闻逸事。与现实生活不同的是，大学生与社会的接触面非常有限，而网络快速拉近了人与人之间的距离，打破了现实生活的圈层壁垒。这为涉世未深、长期处于象牙塔中的大学生打开了新世界，一定程度上对高校资助育人工作造成了困扰。

一是群体极化现象的萌发。根据传播学中的“信息茧房效应”，大学生尽管能获取丰富的网络信息，但他们对网络信息进行甄别和筛选的能力不足，在纷繁复杂的网络信息中，只会选择符合自己兴趣的内容去关注。网络媒体为了赚取大学生流量，会抓住他们的兴趣点提供信息，这样就会导致他们原有的喜好更加固化。于是，大学生会频繁登录自己喜欢的网站，与同自己有一样爱好的人交流，使大学生群体无形中被划分为不同的群组，形成信息茧房，“群体极化”现象由此形成。再加上大学生容易受到多元思潮的冲击，也会在一定程度上影响他们的人生观和价值观。

二是失范行为频发。新媒体在人们生活中的日益渗透与网民的自发参与，就像正余弦波一样紧密地结合，推动着社会舆论不断向前发展。在新媒体所营造的全新的媒体生态环境下，意见领袖所营造的一条舆论的正弦波，就必有一条群众自发参与的余弦波与其相对应。舆论主体的匿名性与参与渠道的广泛性、传播空间的无界性与意见汇聚的实时性、议题生成的自发性与舆论发展的不确定性、价值观念的多元性与价值取向的批判性，这些特征都影响舆论发展。例如，一些学生在网上看到“网红”以看似简单的手段快速致富，容易产生对学习和综合素养提升的厌烦心理；而在巨大的金钱差距对比冲击下，一些经济困难学生容易产生焦虑和自卑心态。在这种情形下，大学生容易误入歧途，如被诱骗参加传销、诈骗等非法活动，或是陷入“校园贷”“套路贷”“裸贷”等金融诈骗陷阱中。

（三）校情：高等教育变革下的校园环境变化

高等教育变革下校园环境的变化也会影响高校资助育人的成效。新中国成立以来，我国高等教育事业发生了天翻地覆的变化。立足新时代坐标，高等教育在任务方针、规模结构、发展方式等方面都发生了重大变革，与此相对应的是，高校资助育人的大环境也随之发生巨大变化。

一是新时代高等教育的飞速发展和革新。习近平总书记强调："建设教育强国，龙头是高等教育。要把加快建设中国特色、世界一流的大学和优势学科作为重中之重。"[①]一流高校是整体的一流、全面的一流，不仅要有一流的学科实力，还要有一流的管理保障和一流的学生。两者都需要以实现家庭经济困难学生的全面发展为前提，让他们茁壮成长为"合格的社会主义建设者和接班人"。因此，高校资助育人要在一流大学的建设过程中抓住机遇，快速发展。

二是我国高等教育规模走向世界前列。高校的办学规模和在校人数等多项指标已超越多数国家，彰显了我国高等教育的蓬勃发展态势。然而，对于高校发展质量的评估，单纯以规模扩张为标尺是不全面的。高等教育的发展需同时追求规模的扩张与质量的提升，并且应着重体现其深厚的内涵。而要实现高等教育的内涵式发展，关键在于构建高层次的人才培养机制。这一机制不仅要求学术研究的深入和教学方法的创新，更强调对学生综合素质的培养。

三是逐步开放的校园育人环境。互联网的高速发展无形中打破了校园与社会之间的空间界限，界限打破的后果之一就是社会空间对校园空间的侵占，造成学生认知上的失调。一方面，高校的开放有开阔大学生眼界的积极一面，但也容易造成经济困难学生对资助工作的矮化认知，有些受资助的学生还会产生一些不健康的心理问题，不能正确认识和顺应社会发展的要求。另一方面，社会新思潮和新观念的涌入，吸引大学生对学校教书育人理念的进一步关注，但也在一定程度上催生出学生与高校原有组织架构系统格格不入、逐渐疏离的不良现象。

---

①习近平在中共中央政治局第五次集体学习时强调 加快建设教育强国 为中华民族伟大复兴提供有力支撑[N].人民日报,2023-05-30.

第五章 新时代高校资助育人的长效机制

新时代高校资助育人工作应当因时而变、因势而新，积极顺应社会发展的需要，紧紧围绕立德树人的根本任务，坚持“以人为本”的工作理念，构建物质帮扶、道德浸润、能力拓展、精神教育的长效机制，巩固新时代资助育人成效，助力家庭经济困难学生成长成才。

第一节 物质帮扶机制

物质帮扶是解决家庭经济困难学生经济压力最有效、最直接的方式，能够保障家庭经济困难学生的基本生活需求。通过优化组织保障体系、完善资助体系、建立考核监督等机制，提升新时代高校资助育人工作的准确性与实效性，更好地为学生成长成才保驾护航。

一、优化组织保障体系

资助育人工作组织保障是旨在落实资助育人工作责任，保障资助育人工作平稳开展而建立的组织机构及支持措施。为确保新时代高校资助育人工作目标的实现，高校应当通过强化组织领导与压实工作责任，不断优化组织保障体系。

(一)强化组织领导，坚持高位推动

新时代高校资助育人工作需要稳定且高效的组织领导，统筹推进。党中央、国务院制定资助育人的大政方针，推出资助育人相关政策，科学规划资助育人工作，坚持正确的工作方向和工作目标以及工作策略，是新时代资助育人工作实现育人成效的必要前提。

首先，强化战略定位。中国共产党始终坚持人民至上，落实立德树人根本任务，确保教育公平的实现，追求学生全面发展。新时代高校资助育人工

作需站在战略全局的高度，充分认识资助工作在高等教育和社会发展中的重要作用。这要求高校应将资助育人工作纳入学校的整体发展规划之中，明确其在立德树人这一根本任务中的定位，推动教育资源的均衡配置，全面助力家庭经济困难学生的成长与发展，确保他们能够享受到既公平又有质量的教育，从而实现全面、可持续的发展目标，确保资助工作与学校整体发展同频共振、同向发力。

其次，加强决策执行。党中央、国务院以及各级教育部门在推动高校资助育人工作时，应强化政策决策的针对性，确保各项政策能够精准对接家庭经济困难学生的实际需求。高校作为执行主体，必须加大政策执行力度，建立科学、高效的决策机制，依据资助育人的工作目标和工作原则，完善决策流程，抓好问题识别、数据分析、方案制定、决策审批以及结果反馈等多个关键环节，确保资助资金及时、足额、准确地发放到每一个有需要的学生手中，确保资助育人工作的实效性，让政策真正落地生根。

最后，强化沟通协作。高校资助育人工作是一个系统工程，需要各相关部门和单位之间密切配合，避免信息孤岛的出现，更是为了确保各项工作能够相互衔接，形成合力。因此，加强沟通协作是优化组织保障体系的重要一环。高校应积极搭建资助育人工作的交流平台，定期举行资助育人工作会议，以增强资助中心与教务处、财务处、后勤处、就业处等其他部门、社会组织以及家庭经济困难学生家长之间的沟通联系，共同研究解决高校资助育人工作中遇到的困难和问题，提高工作效率。高校还应加强与政府、企业等外部力量的合作，争取更多的资源和支持，共同推动高校资助育人工作的深入开展，营造全社会关注和支持育人工作的良好氛围。

(二)压实工作责任，保障层层落实

资助育人工作政策有效实施，关键在于落实多方主体职责。明确工作主体责任，才能更有利于资助育人工作有针对性地开展，为有效落实物质帮扶提供坚实保障。因此，资助育人工作需要统筹全局，明确工作职责，保障责任落实，建立追责机制，推进工作落实。

首先，明确工作责任。政府、高校等工作主体应对各部门、各工作小组

进行明确责任的设定，建立责任清单，明确每项工作的具体责任人和责任内容，做到任务明确、责任到岗、责任到人，确保资助育人工作各个环节有人负责、有人监管，确保各项任务都有相应的责任。教育行政部门落实监督指导责任，高校落实资助育人主阵地责任，相关金融机构落实配合服务责任，相关媒体落实舆论引导责任，广大家庭经济困难学生自强自律，在同辈人中发挥好引领带头作用。

其次，保障责任落实。保障责任落实需要加大监督力度，建立一套完整的责任监督机制，制定各项责任落实的具体规定，定期对资助工作的实施情况进行监督检查，及时发现问题并进行整改，让每一项资助政策都能真正落到实处，发挥出应有的效用，确保资助物质发放计划和目标一致、数量与质量达标、进程与安排合理等。

最后，建立追责机制。资助育人追责机制是旨在确保资助工作规范、公正、高效进行的制度体系。通过明确各级责任和追究措施，以保障资助资金能够真正用于需要的学生。一是明确追责范围，包括各主体在开展工作过程中可能出现的一些违法违纪情况，并制定处理工作预案，增强相关工作人员的法律意识。二是完善追责程序，追究工作责任的全程应公开透明，及时发现问题，通过调查核实进行责任认定，根据认定的结果采取相应的处理措施，并进行公布。三是建立追责档案，对追责过程中形成的文件、证据、材料等进行归档管理，确保追责过程的可追溯性。

二、坚持全面帮扶方略

坚持全面帮扶方略，旨在解决家庭经济困难学生基本经济问题，保障其基本生活和学习需求得到解决，是确保家庭经济困难学生不因经济问题而失去受教育机会的必要举措。新时代高校资助育人工作在开展物质帮扶时，应当从奖、助、贷、补、勤五个方面内容展开，做到坚持全面帮扶，促进学生的全面发展。

“奖”主要是指奖学金政策。奖学金是为了鼓励优秀学生而设立的资助奖金，通常由政府、高校、社会组织出资设立，能够获得奖学金的学生是品学兼优的优秀学子。因此，奖学金不仅能够为家庭经济困难学生提供经济保障、缓解经济压力，更是对家庭经济困难学生学习、品行等方面的肯定，激励其奋发向上，在学习、生活等方面取得进一步突破。奖学金根据出资主体不同，可以分为政府设立的奖学金、高校自主设立的奖学金、社会企业和公益组织设立的奖学金以及个人设立的奖学金等。首先，高校应当针对不同类型的奖学金设置不同的标准，结合学业成绩、课外活动等多重因素，通过不同标准的奖学金设置来激发家庭经济困难学生奋发学习，努力达到标准并参与奖学金评选。例如，本科生、研究生的奖学金评选标准应当有所不同。其次，高校应当确保奖学金评定的公平性和透明度。在奖学金评定过程中，应建立公开、公正、公平的评审机制，充分听取教师、同学及家长等多方面的意见，确保评选结果的真实性和公正性。高校应加强对奖学金的监管，确保奖学金的有效使用，杜绝任何形式的滥用和浪费。

"助"主要是指助学金政策。助学金是对家庭经济困难学生进行资助的一种方式，主要由政府、学校和社会各界设立。助学金是根据大学生家庭经济状况而确定资助对象并无偿赠予在校大学生的资助方式。助学金用于帮助家庭经济困难学生缓解经济压力，为他们顺利完成学业保驾护航，防止学生因家庭经济困难而失去受教育的机会。具体实施过程中要遵循以下三点：一是把好资格审查关。为了把帮扶资金用到刀刃上，在贷款申请审批过程中，在家庭经济困难学生认定的基础上，深入了解学生的思想，消除学生的一些顾虑，确保每个学生符合申请要求。二是把好材料审核关。为确保材料的准确规范，首先由各学院学生会初审，再由学院分管资助工作的辅导员复审，汇总经学院分管学生工作的副书记审查后报送学校大学生资助办公室，大学生资助办公室再组织校助学部的学生干部审核，最后由资助办的专职老师审定，经过层层审核，确保申请助学金材料的准确与规范。三是把好数据核对关，把经过系统录入等环节后的各类数据信息表反馈给申请学生进行再次核对，确保数据的精确无误。

"贷"主要指国家助学贷款政策。国家助学贷款是党中央、国务院在社会主义市场经济条件下，利用金融手段完善中国普通高校资助政策体系，加大对普通高校家庭经济困难学生资助力度所采取的一项重大措施。国家助学贷款主要通过生源地进行认证申请贷款，针对因在校期间没有足够的能力支付完成学业所需要的基本费用的家庭经济困难学生,其中包括学费、住宿费等。高校在开展物质帮扶时应当注重对助学贷款政策的宣传,不断完善国家助学贷款的运行机制。首先,加大宣传力度。一方面,通过校园网、学校广播、校报、橱窗等渠道积极宣传助学贷款有关知识,帮助学生了解国家助学贷款的工作程序、要求和动态;另一方面,高校按要求在新生录取通知书中夹寄有关助贷资料,将有关助学贷款知识编入学生手册和新生入学教育手册,并组织分管助贷工作的辅导员到新生中开展专题辅导,将相关内容纳入新生入学教育考试内容。其次,完善国家助学贷款的运行机制。高校应当加强与当地金融机构的联系,保证及时足额安排贴息及风险补偿金,不断完善国家助学贷款考核制度,并积极加强家庭经济困难学生信用意识和诚信观念教育。

“补”主要是指临时困难补助政策和学费补偿国家助学贷款代偿政策。困难补助主要是学校或者政府用于帮助和解决家庭经济困难学生在校期间突发状况而造成的临时性困难,所给予的临时帮助,帮助家庭经济困难学生以及学生家庭渡过难关。高等学校毕业生学费和国家助学贷款代偿政策是国家鼓励高校毕业生面向中西部和艰苦边远地区基层单位就业的一项资助政策,有助于改善家庭经济困难大学生经济状况,消除他们因学费和助学贷款偿还而带来的经济压力。高校开展此项工作时,应当从以下三个方面着手:一是加大政策宣传力度,通过主流媒体、热线电话、短信等多种渠道,向学生开展全方位宣传,提高政策知晓率。二是抓好新学期助学贷款办理工作,督促经办银行按照新政策办理助学贷款或调整已办理的助学贷款,让贷款学生尽快享受到新政策的红利。三是对高校学生资助工作人员开展业务培训,详细解读政策内容,明确政策口径,确保政策执行规范到位。

“勤”主要是指勤工助学。勤工助学是学生在学校的组织下利用课余时间,通过在学校提供的岗位劳动获取合法报酬,用于改善学生学习和生活条件的实践活动,是学校学生资助工作的重要组成部分,是减轻家庭经济困难学生生活负担、提高学生综合素质并走向自立自强的重要途径。勤工助学作为高校对家庭经济困难学生的有偿资助方式,应以“服务学生、围绕学生、关照学生”为宗旨,时刻秉承着“扶困”与“扶智”“扶志”相结合的原则,帮助家庭经济困难学生提升实践能力,培育自立自强的品质。首先,高校应当从受资助对象所处的不同阶段出发,以学生当前的发展需要为原则分阶段、分对象合理分配岗位。其次,高校应当不断拓展勤工助学模式,从培育学生创新实践能力出发,开展公益创业,通过给予家庭经济困难学生政策、经济和场地上的支持来替代补助的发放。引进优秀企业的导师资源,提供先进性的指导意见和最新的创新创业政策解读,帮助其组建创新创业团队。

近年来,国家根据高校发展情况不断更新支持资助育人工作政策文件,对于资助育人工作的资源保障更加全面,更具针对性,基本保障了家庭经济困难学生的生活和学习需要,保证了家庭经济困难学生学业的顺利完成。新时代高校资助育人工作必须对标高质量发展,不断优化组织领导,完善资助育人物质帮扶机制建设。

三、建立考核监督机制

资助育人物质帮扶考核制度是针对各个主体开展的资助工作的效果和质量进行考核、评价和监督的制度,旨在推动资助育人工作朝着规范化的方向发展,确保工作开展的有效性,是促进资助资源合理分配和学生全面发展的关键措施。新时代高校资助育人是促进学生全面发展的重要举措,严格落实高校资助育人须建立健全科学的考核监督机制,通过完善考核制度与优化监督整改方案,检验高校资助育人的成效,不断优化新时代高校资助育人的理论与实践。

(一)完善考核制度

高校资助育人考核制度的完善目的在于评估学校对资助育人相关政策文件的落实情况,旨在将工作成效惠及到每一个真正需要帮助的家庭经济困难学生,确保资金落到实处,巩固育人成效,是推动资助育人工作进一步完善、资助体系更加健全、资助方向更加明确、育人水平不断提高的必由之路。

首先,制定完善的考核内容。考核内容包括基础建设与管理、宣传与教育、资助过程管理、工作成效与创新四个方面。一是基础建设与管理,包括机构建设、人员配备、制度建设、档案管理等内容。考核是否有专门机构专职开展资助育人相关工作、总体人员配备的数量是否充足以及专职人员与兼职人员的比例分配是否合理、是否建立了健全的资助申请和审核流程、档案的录入是否有标准的程序,是否有档案信息泄露情况以及档案信息是否实现动态化管理等,并根据实际情况进行调整。二是宣传与教育内容,包括政策宣传以及诚信教育。考核学校是否积极开展政策宣传教育活动,是否要求将政策普及贯穿于相关课程中,对于诚信教育的考核也可以用同样的方法,如可以为期一学年将学校开展相关活动的次数作为量化的标准。三是资助过程管理,包括困难认定、奖助学金评审以及贷款管理。考核学校是否规范了家庭经济困难学生的认定流程、是否根据多方信息来确保困难认定的精准性、学校的资助育人工作评审环节是否严格按照规定等。四是工作成效与创新,应当注重考核高校开展资助育人工作的多个指标,如资金使用效率指标、帮扶措施有效性指标、学生满意度指标等,以确保考核的全面性和客观性。以及是否根据这些指标,根据考核结果及时调整和改进资助工作,提高资助工作的针对性和实效性。

其次,采用合理的考核方法。考核方法要客观公正地反映实际情况,有效推进质量评价的实施,可以通过定量考核、定期抽查、综合评估三种方法相结合进行开展。定量考核可以通过量化的方式对工作成效进行评估,主要通过收集和处理数据资料,对评价对象做出定量结果的价值判断,设立具体的指标进行考核。定期抽查资助工作中的重点环节和关键内容,每学期或者每学年进行抽查。综合评估则一般在一次完整的工作结束后对全面的资助工作进行考核,三种方法结合能够全面考核资助育人工作的成效与不足。

(二)优化监督整改方案

优化新时代高校资助育人监督整改方案旨在不断完善整改现存问题,确保物质帮扶落到实处,是提升巩固新时代高校资助育人成效的必要措施。健全科学、客观、有效的监督整改方案可以确保物质资助的落实,能够全面、准确地保障物质帮扶落实,为实现资助育人的持续优化提供有力支撑。

开展监督整改的主体主要有政府、高校、学生与社会。政府监管部门要对高校的资助育人工作开展情况进行监督。高校应建立学生资助管理工作领导小组下设办公室,对各学院各班级开展的相关工作的情况进行监督,并及时整改问题。学生既是资助工作的受益者,也是监督者,要清晰了解自身的权益,积极参与各个环节,对资助工作的公正性和透明度进行监督和评价。家长应了解学生的资助情况,与学校形成合力关心学生的成长,社会中的企业、社会组织等也应加强对资助育人工作的关注和监督,共同营造良好的教育环境。

监督整改的内容主要包括资助育人工作政策落实、资助资金使用的监督、工作开展流程监督三个方面。工作政策落实主要是监督资助政策是否得到全面、准确的执行,包括资助对象的选择、资助金额的确定、资助资金的发放等。资助资金使用的监督主要是监管资金的发放是否符合相关政策规定,防止资金的浪费以及挪用,将资助资金落到实处。流程规范主要是监督高校资助育人工作的开展流程规范程度进行评估,包括资助工作的申请、材料的审核、资金的发放等流程是否规范。实施效果的监督主要是监督帮扶落实是否到位,是否达到了预期的效果。

优化监督整改方式主要有三种方式:首先,引入第三方评价机构对高校资助育人工作进行独立评估监督。第三方评价机构的独立评估监督有助于明确政府、高校之间的职责界限,并构建一个涵盖教育主管部门、第三方机构、高校及其院系之间的多元互动监督机制,实现“管理、使用、评价”的分离,提升评价的客观性和公正性。通过强化资金监管,确保高校资助育人工作的持续性和有效性,为家庭经济困难学生的全面发展提供有力保障。其次,建立专项监督反馈通道。高校在开展物质帮扶工作时,通过设立阳光平台等网站、热线电话等渠道,收集大学生、教师以及相关工作人员对高校在物质帮扶工作落实方面的意见与建议,并结合这些建议不断完善高校资助育人的监督整改方案,强化责任监督并及时解决问题并改进工作,为高校资助育人工作的开展提供更多的可能性。最后,利用信息技术进行优化监督整改方案。高校资助育人工作与信息技术相结合是新时代高校资助育人工作发展的必然。因此,高校资助育人工作应当充分利用信息技术,尤其在完善监督整改方案方面尤为重要。高校应当通过建立在线评价系统等方式，对高校资助育人工作的有效性进行评估，通过“线下+线上”相结合的方式，有效监督物质帮扶成效，从而有效提升高校资助育人工作的实效性。

第二节 道德浸润机制

进入新时代，高校资助育人应更加注重对学生人格和道德素质的培养。通过构建有效的道德浸润机制，不仅能帮助家庭经济困难学生减轻经济负担，更能促进其健康人格的形成和社会责任感的培养。新时代高校资助育人工作需要不断完善和发展，通过正向引导、人格养成和文化熏陶建立一套有效的道德浸润机制，形成系统化、专业化的育人体系，为家庭经济困难学生成长成才奠定良好基础。

一、建立正向引导机制

建立正向引导机制对新时代高校资助育人中具有重要作用。正向引导机制在精神层面激励他们勇敢面对困难，追求卓越，结合舆论引导和榜样示范，通过报道先进典型事迹，营造积极向上的校园氛围，促进社会主义核心价值观深入人心。

（一）舆论引导

舆论引导主要是通过各种平台和手段来传递和推广资助政策，提高社会各界和学生尤其是资助对象对资助工作的理解，可以有效落实资助政策，塑造学生价值观，能极大弘扬优秀道德文化和增强社会责任感。尽管近年来高校资助育人工作取得了显著成效，旨在为经济困难学生提供全面支持，却依然面临多项挑战，例如资助政策宣传的缺乏持续性，导致一些学生对政策的认知和理解不足，以及国家和高校在推广资助教育理念和精神方面的宣传力度不够，常采用的推广方式过于单一，难以引起年轻人的兴趣，从而影响了宣传的有效性。

针对新时代的挑战，首要任务是增强高校资助育人舆论引导的内容的权威性、科学性和全面性。第一，权威性是确保舆论引导有效性的前提。高校应确保发布信息的准确无误，同时邀请专家对资助政策进行权威性解读，增强学生对资助政策的信任。第二，科学性是提升舆论引导质量的核心。高校必须采纳科学的研究方法对资助数据进行全面系统分析，基于数据提供客观的资助效果评估，使舆论引导更具有科学性。第三，全面性是确保舆论引导覆盖广泛的基石。高校需要综合考虑学生群体的不同需求，要宣传各种相关的资助工作政策、资助工作流程、资助育人典型等，确保资助信息传达到位。

高校资助育人的舆论引导必须坚持公正透明、及时准确、积极正面三大原则，这对资助工作的顺利推进及其舆论环境的健康发展具有重要意义。第一，公正透明是基础。高校可以通过学校官网、校园公告板以及社交媒体平台等渠道发布资助信息，确保信息的公开透明，使各方易于获取和监督。第二，及时准确是关键。只有及时更新相关信息，学生才能及时了解最新的资助机会、申请要求与评审时间等，从而提高资助的效率。建立一个固定且定期更新的信息发布机制，如校园网站专栏、定期电子邮件通知等，是实现及时准确传播的有效手段。第三，积极正面是重点。通过正面宣传展示资助工作的成效和亮点可以提升资助工作的整体成效。通过举办成功案例分享会、发布资助成效报告等形式的活动，可以有效地向公众传达资助工作的正能量，增强社会对高校资助育人事业的正面认知。

完善高校资助育人的舆论引导，应采取多层次、多角度的方式。第一，高校应加强与主流媒体的合作。主流媒体在社会舆论引导中具有权威性和广泛影响力，高校应积极寻求与电视台、报纸、权威网站等的合作，通过专题报道、深度专访等形式开展系列宣传活动，全面展示资助育人工作的成效。这种合作不仅能扩大资助政策的传播范围，还能提升社会对高校资助工作的认知度和认可度。第二，高校应充分利用新媒体平台的优势，借助微博、微信、抖音等平台，通过发布短视频、互动问答、在线直播等形式，增强与学生的互动，吸引学生的关注与参与。具有灵活性和互动性的新媒体能够更贴近学生的实际需求和生活，从而形成广泛的社会共识，进一步提高资助工作的实效性。总之，高校在资助育人舆论引导过程中应规范和约束传媒行为，通过科学合理的舆论引导为资助育人工作营造良好的舆论环境。

(二)榜样示范

典型榜样通过其言行传递了正面的价值观念,其精神风貌和所取得的成就为其他学生提供了具体示范,并指引他们向着全面发展的方向努力,是学生自我提升的动力源泉。高校通过建立科学合理的奖惩机制和评价体系,不断挖掘和树立道德榜样,广泛地展示他们的精神风貌和优秀行为,对于营造校园文化、提升学生综合素质、构建和谐校园环境都具有重要意义。

家庭经济困难学生在成长过程中面临诸多挑战和机遇,他们的需求不仅局限于物质层面的资助,更涉及精神层面的引导和激励。通过树立和推广身边的优秀奋斗的家庭经济困难学生和受到国家表彰的模范人物等多方面的榜样,展现他们坚韧不拔、积极向上的人生态度和不懈奋斗的精神面貌,对于激发家庭经济困难学生的积极心态与奋斗意志具有极大的正面效应。这些榜样对学生的世界观、人生观和价值观的形成起到了关键的引导作用,鼓励学生积极奋斗、乐观进取,有利于培养学生克服困难、追求卓越的能力。

榜样示范主要表现为显著的典型性、长效性和广泛性。第一,榜样示范具有显著的典型性。榜样是道德行为和价值观的具体化表现,对学生塑造正确的人生观和价值观具有深远影响。通过深入挖掘和传播那些在资助帮助下成功克服困难、取得优异成绩的优秀毕业生事迹,不仅能增强学生的社会责任感和使命感,还能在他们面临挫折时提供迎难而上的勇气和韧性。第二,榜样示范具有长效性。这种长效性显著地表现为对学生群体价值观念和行为习惯的持续塑造。一方面,榜样示范通过感人的事迹和突出的成就,展现了在困难面前不屈不挠的精神风貌。榜样的影响超越了时间和空间的局限,获得了长期而广泛的传播力。另一方面,榜样示范通过独特的人格魅力和卓越的行为表现,塑造了学生的道德观和价值观。榜样所展示的积极态度和行为方式,对学生起到了教育的作用。第三,榜样示范具有广泛性。高校应建立全面、科学的奖惩机制和评价体系,以表彰在学术、道德、社会服务等方面表现杰出的家庭经济困难学生。这能鼓励学生追求卓越,促进全体学生综合素质的提升。

榜样示范有讲授法、讨论法、演示法、实践法等多种教育途径和手段，可以有效地提升资助育人的针对性和实效性，有利于提高社会责任感和人格养成。第一，讲授法通过师生之间的语言传递，让学生对榜样人物或事件的历史背景、精神特质和价值内核有系统性的理解和认识，这种传统而有效的方法为学生树立正确的价值观奠定了理论基础。第二，讨论法借助学生间的互动交流，激发了学生从多元视角探讨和反思榜样的过程，不仅加深了学生对典型精神的理解，同时也增强了学生对榜样人物的情感认同。第三，演示法通过现代化的多媒体技术手段，如图像和视频资料的展示，使榜样示例的呈现更为直观和生动，极大地增强了学生的情感共鸣和学习兴趣。第四，实践法通过组织学生参与与榜样人物或事件相关的社会实践活动，使学生能够在参与中深化对榜样的理解与感悟，同时在实践中培育和提升自我价值观和社会责任感。

二、建立文化熏陶机制

习近平总书记指出："中国式现代化是物质文明和精神文明相协调的现代化，要弘扬中华优秀传统文化，用好红色文化，发展社会主义先进文化，丰富人民精神文化生活。"[①]青年学生始终是推动中华民族勇毅前行、屹立于世界民族之林的磅礴力量，家庭经济困难学生作为新时代青年大学生，其成长成才迫切需要中华优秀传统文化和红色文化的全面熏陶。

（一）中华优秀传统文化浸润

作为中华民族的突出优势和最深厚的文化软实力，中华优秀传统文化蕴涵着民族最丰富的道德资源，是中华民族的"根"和"魂"，其中的哲学思想、人文精神、道德理念、教化思想等光芒四射。《新时代公民道德建设实施纲要》强调："中华传统美德是中华文化精髓，是道德建设的不竭源泉。"[②]高校要深入贯彻立德树人理念，以中华优秀传统文化指导资助育人工作，不断

① 习近平.在新时代东北振兴上展现更大担当和作为 奋力开创辽宁振兴发展新局面[N].人民日报,2022-08-19.

② 中共中央国务院印发《新时代公民道德建设实施纲要》[N].人民日报,2019-10-28.

丰富和扩充资助育人内容，有效促进资助育人工作创新发展，为构建资助育人长效机制奠定基础。

首先，丰富中华优秀传统文化浸润的内容。高校应深入挖掘中华优秀传统文化的精髓，结合家庭经济困难学生的实际情况，不断丰富中华优秀传统文化浸润在资助育人中的内容。一是充分利用古代经典、历史典故、民俗风情、传统艺术等传统知识，帮助家庭经济困难学生深入了解中华文化的历史演变、独特魅力和深厚底蕴。二是增强家庭经济困难学生的道德观念，传递尊老爱幼、诚实守信、勤奋好学等优秀传统美德，引导家庭经济困难学生树立正确的道德观念。三是应当深入阐发中华优秀传统文化蕴含的讲仁爱、重民本、守诚信、崇正义、尚和合、求大同等思想理念，深入挖掘自强不息、敬业乐群、扶正扬善、扶危济困、见义勇为、孝老爱亲等传统美德，将这些优秀的文化资源贯穿于高校资助工作的各个环节。

其次，创新中华优秀传统文化浸润的方式。高校在推进中华优秀传统文化浸润家庭经济困难学生的过程中，需要不断探索和创新教育方式和手段，以增强其吸引力和实效性。一是将中华优秀传统文化与课程教学融合，引导中华优秀传统文化真正走进课堂，成为课堂教学涵养学生道德观的重要资源。二是开展丰富多彩的实践活动，如社会实践、志愿服务等，让学生体验和感受优秀传统文化，增强学生对中华优秀传统文化的理解和认同。三是利用现代科技手段，扩大中华优秀传统文化的传播范围和影响力，使家庭经济困难学生能够随时随地接触到中华文化的精髓。

最后，优化中华优秀传统文化浸润的过程。优化中华优秀传统文化浸润家庭经济困难学生的过程，高校可以更加有效地提升家庭经济困难学生的文化素养和道德水平，为其全面发展和成长提供有力支持。一是在感知阶段，引导家庭经济困难学生通过各种渠道初步感知中华优秀传统文化的存在和魅力，形成对中华优秀传统文化的初步印象，引导家庭经济困难学生深入了解中华优秀传统文化的内涵、历史、特点等，形成对中华优秀传统文化的全面认识。二是在体验阶段，通过实践活动、亲身体验等方式，让家庭经济困难学生感受到中华优秀传统文化的魅力，增强文化认同。三是在内化阶段，帮助家庭经济困难学生将所学的中华优秀传统文化知识、价值观等内化为自己的思想和行为，促进中华优秀传统文化入脑、入心和入行，更好地构建发展性资助育人工作体系，真正达成立德树人的目标。

(二)红色文化陶冶

习近平总书记指出，“红色是中国共产党、中华人民共和国最鲜亮的底色”[①]。红色文化蕴含的忠于信仰、坚定信念，开拓进取、敢为人先，独立自主、自力更生，自强不息、百折不挠的精神内核，与新时代好青年“有理想、敢担当、能吃苦、肯奋斗”的标准要求高度契合。

首先，加强红色文化教育，引导家庭经济困难学生了解革命道德。革命战争年代，无产阶级革命家的高风亮节和全心全意为人民服务的宗旨，是中国共产党人无私奉献的道德精神的集中体现。加强红色文化教育，可以引导家庭经济困难学生深入了解革命道德。一方面，运用大学生喜闻乐见的方式讲深讲活革命故事，讲透讲好党的精神追求，引导家庭经济困难学生了解革命道德。另一方面，要合理利用红色资源，结合革命历史文献、影像资料、革命老区的实地考察等，坚定家庭经济困难学生的初心使命，使教育更加生动、具体，真正发挥红色文化对家庭经济困难学生的道德浸润作用。

其次，创新红色文化传播，帮助家庭经济困难学生认同革命道德。随着数智时代的到来，家庭经济困难学生的思想观念、价值取向、行为方式和生活习惯都发生了深刻的变化。为了提升家庭经济困难学生的道德认同，亟待创新传播方式，展现红色文化的独特魅力。高校资助育人工作要通过不断拓展队伍，强化红色文化的传播主体、创建平台，丰富红色文化的传播手段、创新技术，提升红色文化的传播质量，不断加强红色文化对家庭经济困难学生的文化熏陶，使红色故事蕴含的革命道德内化为家庭经济困难学生的思想认同和情感认同，进而使其团结成“一块坚硬的钢铁”，集聚起实现中国梦的强劲动力。

最后，拓展红色文化体验，引导家庭经济困难学生践行革命道德。红色文化体验是感受和了解红色文化的重要方式，高校要通过建立实践基地、开

① 中共中央党史和文献研究院编.习近平关于社会主义精神文明建设论述摘编[M].北京:中央文献出版社,2022:166.

展丰富活动和推动红色文创，与文旅行业企业共建实践平台，组织和指导家庭经济困难学生开展红色文化主题实践活动，让家庭经济困难学生在体验中重温历史、领悟红色文化内涵、传承红色革命精神，践行革命道德，“把自己的思想感情来一个变化，来一番改造”，涵养为大公、求大我等优秀道德品质，引导家庭经济困难学生真正践行革命道德，为实现中华民族伟大复兴贡献力量。

三、建立人格养成机制

人格是指个体在对人、对事、对己等方面的社会适应中行为上的内部倾向性和心理特征。习近平总书记强调：“办好人民满意的教育，努力培养担当民族复兴大任的时代新人，培养德智体美劳全面发展的社会主义建设者和接班人。”①高校始终要坚持以社会主义核心价值观为引领，以家庭经济困难学生成长教育工程为载体，通过理想信念教育和道德教育，引导家庭经济困难学生完善自身政治人格和道德人格。

（一）践行理想信念教育，树立学生政治人格

资助育人在本质上是学生与国家的情感互动，高校是国家与家庭经济困难学生之间的桥梁。因此，高校应当充分发挥其桥梁作用，将理想信念教育贯穿资助育人的全过程，突出“国家在场”，引领学生树立远大的理想信念和高尚的价值追求。理想信念教育作为世界观和政治信仰在奋斗目标上的集中体现，高校必须深入开展以共产主义远大理想和中国特色社会主义崇高信念为基本内容的理想信念教育，培育家庭经济困难学生养成政治人格。

首先，提升学生政治认知水平。提升家庭经济困难学生政治认知水平要培育学生强烈的政治主体意识，政治主体意识其本质是一种内在的驱动力，可不断激发学生的政治思维。一是要加强课程渗透。在开展理想信念教育过程中渗透政治教育内容，特别是针对家庭经济困难学生的政治意识教育，确保家庭经济困难学生能够掌握基本的政治知识。二是创新教育方

---

① 习近平主持召开学校思想政治理论课教师座谈会强调用新时代中国特色社会主义思想铸魂育人 贯彻党的教育方针落实立德树人根本任务[N].人民日报,2019-03-19.

式方法。利用互动式教学方法、案例教学法等，激发家庭经济困难学生的学习兴趣和参与度，通过真实或模拟的政治场景，让家庭经济困难学生更好地理解政治运作和决策过程，培育学生政治思维品质和坚定学生政治价值取向，践行社会主义核心价值观，消除一切有损学生思想的不良思潮，帮助家庭经济困难学生树立正确的世界观、人生观、价值观。

其次，提升学生政治实践能力。政治实践能力是指其运用自身的政治知识和技能，在政治实践中培养的处理实际政治的能力，比如政治判断力、政治领悟力、政治执行力等。高校要指引家庭经济困难学生理论联系实际，用理论武装头脑，帮助家庭经济困难学生紧密结合新时代新实践，多思多想，学深悟透。一是高校要引导家庭经济困难学生养成积极的政治参与，鼓励其积极加入党团等政治组织，要求学生党员认真参加党组织生活，自觉履行党员义务，正确行使党员权利等，引导他们树立正确的政治观念和价值观，增强他们的政治责任感和使命感。二是要提高家庭经济困难学生的政治技能，高校要积极为家庭经济困难学生提供实践机会和平台，提供各种机会参与社会政治实践活动，让他们在实践中锻炼自己的政治沟通、政治判断等实践能力，组织大学生到法院、检察院、行政机关等单位见习或者实习，了解国家政治职能部门的运行过程，身临其境感受中国的基本政治制度，激发大学生的社会责任感和政治参与能力。

（二）深化道德教育，完善学生道德人格

道德教育是指教育者对教育对象有目的地施以道德影响的活动，育人的根本在于立德，要培养德智体美劳全面发展的社会主义建设者和接班人。高校要高度重视家庭经济困难学生道德人格的培育，家庭经济困难学生要成为有德行魅力的人才，为未来人生发展打下坚实基础。

首先，培养学生形成正确的道德认知和道德判断。一方面，高校要引导家庭经济困难学生认识到道德的发展是一个曲折上升的历史过程，对历史上各种各样道德形态的进步性和局限性有客观准确的认知和判断，让家庭经济困难学生充分认识到社会主义道德作为崭新类型道德所具有的历史优越性和时代进步性；另一方面，要引导家庭经济困难学生认识到在国际国内

形势深刻变化,认识到道德领域存在着各种错综复杂的现象和问题,引导家庭经济困难学生学会理性地辨析并形成正确的判断,要科学判断什么行为符合社会主义道德要求,要坚决批判违背社会主义道德的行为。

其次,激发学生正向的道德认同和道德情感。家庭经济困难学生在道德修养中激发正向的道德认同和道德情感,亲近真善美,抵制假恶丑,体验道德的愉悦。通过对美德的尊崇,真正把外在的社会道德规范内化为心悦诚服的自律准则。例如,高校在教学中要善于选择富于时代感、贴近学生生活实际的鲜活事例,通过录音录像、短视频等学生喜闻乐见的形式来创设情境,引导大学生分清是非,强化和巩固道德认识,引导家庭经济困难学生增强社会责任感、国家认同感、民族归属感、时代使命感,陶冶家庭经济困难学生的道德情操。

再次,强化学生形成坚定的道德意志和道德信念。道德意志和道德信念是人们在践履道德准则、规范的过程中表现出的自觉克服一切困难和障碍的毅力,道德意志和道德信念的坚守对于道德行为的稳定性至关重要。高校开展资助育人工作可以通过强化奋斗精神培育、劳动教育赋能等引导家庭经济困难学生明白"从善如登从恶如崩"的深刻道理,帮助其磨炼道德意志,坚定道德信念,在砥砺中前行,在拼搏中进取,持之以恒,从而成就高尚的道德品格。

最后,培育学生积极的道德实践和道德行为。道德行为是在一定的道德意识支配下表现出来的对待他人和社会的有道德意义的活动。针对高校家庭经济困难学生的道德教育,归根结底要落实到大学生的道德实践上。一是要引导家庭经济困难学生掌握道德修养的方法。加强道德修养,提升个人品德,引导家庭经济困难学生学会借鉴历史上思想家们所提出的学思并重、慎独自律等积极有效的方法,不断提高家庭经济困难学生的道德素质和道德境界。二是引导家庭经济困难学生积极参与志愿服务活动。一方面,引导家庭经济困难学生在接受帮助的同时也要学会帮助他人、服务社会,提高其社会道德水平;另一方面,引导家庭经济困难学生把为社会和他人的服务看作自己应尽的义务和光荣的职责,让他们在服务社会和帮助他人的过程中获得成就感和幸福感。

第三节 能力拓展机制

让每个孩子都能成为有用之才，是党的十八大关于"办好人民满意的教育，提高家庭经济困难学生资助水平"的重要部署。这是在"不失学"的基本要求之上，对高校资助工作提出的更高层次的要求，高校须推动"发展型"资助工作高质量发展。家庭经济困难学生多数来自偏远农村或弱势家庭，受自我认知、家庭环境、教育质量等因素的影响，其思维力、创造力、语言交际、实践能力等有所欠缺。因此，高校资助育人工作须提高家庭经济困难学生的核心竞争力，通过构建内生动力机制、构建常态培训机制、建立监测预警机制等能力拓展机制，使其成为优秀人才，奠定发展基础，引领未来发展，实现可持续发展。

一、构建内生动力机制

内生动力是指在发展责任和发展意识的反作用下，驱使自身积极主动采取发展行动、发挥发展潜力、承担应有责任，从而实现自我提升和全面发展，本质是激活发展潜力。发展内生动力的运行需遵循"需要-动机-行为"的逻辑框架，这决定了其运行机制的基本组成部分。为帮助家庭经济困难学生实现"要我发展"向"我要发展"转变，高校资助育人应当构建学生自我管理、自我学习、自我发展等内生动力机制，促进学生自我主动发展。

（一）自我管理

自我管理是指个体对自己本身，对自己的目标、思想、心理和行为等表现进行的管理，最终实现自我价值的一种过程。高校应当通过教育推动、制度驱动、实践带动助力家庭经济困难学生自我管理，促进学生自主管理和自我成长。

首先，教育推动学生自我管理意识的提升。在思想政治教育的过程中，要注重培养学生自我管理意识的提升，多与家庭经济困难学生交流互动，掌握学生对教育内容的内化程度。其次，制度驱动学生自我管理能力的发展。高校需健全完善学生自我管理制度，提升学生自我管理能力。学生自我管理制度包含学生自我管理的制度建设,例如明确的奖惩制度。通过鼓励家庭经济困难学生成为学生干部,帮助其更好地参与自我管理实践,同时对家庭经济虽困难但学习成绩优秀、作风优良、积极生活且自控能力强的学生进行表彰,形成良好的优秀典范效应。对于自控能力较差违反校纪校规的学生提出批评,从侧面提升学生对自我管理的重视程度。最后,实践带动自我管理能力的提升。安排家庭经济困难学生进行校外实践活动,例如模拟就业招聘、校外实习等活动,让学生清晰地认识到自我管理能力对于自身发展的重要价值,助力学生自我管理能力的发展。

(二)自主学习

自我学习能力是学生独立探求知识的能力,是个人能力体系的重要组成部分,是发展各项素质和能力的基石,关系到个人未来的发展与人生价值的实现。促进学生的自我学习能力可以从唤醒学生自主意识、激发学生自主学习动机、对学生自主学习给予评价等三个方面入手。

首先,需要唤醒学生的自主意识,让其对自身有正确的评价和认识。高校可通过加强与学生的沟通、营造良好的课堂氛围、帮助学生树立自信心等途径提升学生的自主意识。其次,需激发家庭经济困难学生的自主学习动机。根据学习动机可分为内部学习动机和外部学习动机。对于内部动机,高校可以为学生开设趣味讲座引起学生兴趣、为学生举办专门的就业招聘模拟课堂激起学生提升自身能力的欲望。对于外部动机,高校可以坚持优秀典范的正向引导,强化典型示范案例。最后,关于家庭经济困难学生自主学习评价,教师要多关注其学习方法是否适宜、学习内容是否准确,对学生的自主学习行为有个基本判断;同时,鼓励学生进行自我评价,学生进行自我评价使其不断收获自我意识,并通过自我调节不断实现自我超越。

(三)自我发展

自我发展是指自身根据社会期望和自身发展的需求,明确自身奋斗目标和发展方向,通过专业知识学习和实践锻炼,最终形成自我发展能力的过程。在家庭经济困难学生自我发展能力的培养过程中,从树立学生自我发展意识、提升自我发展能力、构建自我发展能力评价和激励体系着手，帮助其逐渐学会独立思考，实现自我发展能力的发展。

首先，自我发展意识是学生自我发展的重要组成部分。通过课程设置、心理辅导等方式，引导学生了解自己的兴趣、特长、价值观等，增强自我认知。同时，教师对学生进行教育时要转变教育观念，从根本上改变学生获取知识和技能的方式，尊重学生的主体地位，使学生在“获取知识的控制方面”和“锻炼成学习主人的控制方面”找到同质同向的方式，实际操作和控制自己的学习，培育学生自我发展意识。其次，提升学生自我发展能力是自我发展的重要途径。学生的自我发展能力包括自我认知、自我开发、自我管控、自我实现等方面。针对开发内容体系，高校既需要从不同渠道了解学生的心理状况和思想行为，针对其思想上出现的问题进行沟通指引，帮助学生客观地认知自我，树立自信，建立积极向上的自我意识；也需将兴趣爱好与自我发展相融合。同时，通过自我开发帮助学生重新进行自我定位，不断推动学生自我发展的最大动力源。最后，要注重加强对学生自我发展能力效果的考核和评价，结合学生自身发展实际状况制定有效细化的考核制度。家庭经济困难学生的评价可从学生的政治信仰、心理状态、劳动与社会实践等方面进行评价，同时，教师可从知识水平、学习态度、思维方式、独立程度等方面进行对学生自我发展能力进行评价，帮助学生清晰认知自我。

二、构建常态培训机制

优秀的培训是提高学生素质技能的重要途径。保障家庭经济困难学生教育培训的常态化，已成为现阶段我国高校资助育人的重要方式。构建家庭经济困难学生常态培训机制可从培训理念、培训制度、培训体系着手进行。

（一）更新培训理念

重视学生培训是“以人为本”理念在资助育人过程中的体现。做好家庭经济困难学生的培训的意义在于助推学生成长，完善资助育人体系建设，落实“以人为本”的教育理念。家庭经济困难学生比起非家庭经济困难学生在某些特定的方面存在不足，培训可帮助学生增强社会竞争力、适应未来发展的需要。

更新培训理念要明确几点，首先，培训要注重实效性。实效性是衡量学生教育培训成果的重要标准，它要求教育培训活动能够直接转化为学生的实际成效。培训必须注重实效，确保培训内容与实际问题紧密结合，提高学生解决实际问题的能力。其次，培训要注重系统性。系统性是培训工作的重要原则，它要求培训内容和方法全面、有序、协调一致，形成一个有机的整体。在新时代背景下，学生培训的系统性不仅体现在教育培训的内容上，还体现在教育培训的组织、管理和评估等各个环节，这些环节应该相互关联，形成一个完整的培训链，帮助学生全面提高综合素质。最后，培训需要注重实践性，不仅能够提高学生的实践能力，还能够通过及时给予正面反馈和建设性指导，增强学生的自信心。实践出真知，应注重培养学生的创新思维和解决问题能力，鼓励他们在面对复杂问题时能够灵活运用所学知识，提出切实可行的解决方案。

（二）健全培训制度

随着教育改革的不断深入和社会对人才需求的不断变化，建立健全学生能力发展的培训制度显得尤为重要。我们要健全培训制度，要有可行的计划、清晰的培训目标、明确的培训原则、系统的培训管理。首先，构建培训需求分析制度。培训之前应了解家庭经济困难学生成长发展的培训需求和意愿，针对需求制定中长期培训计划。同时，要根据学生的不同特质和发展需求进行细分，明确学生培训需求，针对性对学生进行培训，提升培训实效。其次，构建培训效果评估制度。培训的目的在于提升家庭经济困难学生的综合素质，让学生明确自身发展规划，使能力与目标相匹配，促进学生成长、适应社会的需求。培训结束应进行效果评估，看培训是否达到预期成效。同时应根据评估结果，及时调整和改进培训内容与培训方式，以提高培训质量与实效。最后，构建培训监督管理制度。为使培训更加规范完整，应对培训过程进行监督和管理，确保培训活动有序进行，及时发现和解决问题。监督管理内容应包含学生培训情况、教师管理、培训纪律等内容。

(三)完善培训体系

家庭经济困难学生的培训需从主体、内容、方式等方面成体系,持续提升培训质量,推动学生常态化培训可持续发展。

首先,构建培训主体体系。培训要明确培训主体,学生能力提升的培训体系应包含学生及教师两个群体。学生是培训的直接受益者,通过参与培训活动来提升知识、技能或态度。在培训过程中,要帮助学生保持积极的学习态度,促使其主动参与互动,以达到最佳的培训效果。教师是培训活动的引导者和促进者,负责设计培训课程、传授知识和技能等。教师的专业素养、教学能力和教学方法对培训效果有着至关重要的影响,因此要注重对教师综合素质能力的提升,强化培训实效。其次,完善培训内容体系。培训内容应当包括专业知识、就业技能、情感、态度及价值观等内容的培训。要将培训内容与日常教学工作相结合,确保培训内容能够自然融入家庭经济困难学生的日常学习和生活中。同时,要注意贴合学生的生活实际,围绕学生成长过程中需要攻关的问题设计培训内容,将利于学生成长发展的培训内容引入课堂教学、心理辅导等工作中。最后,创新培训方法体系。培训要因材施教,根据学生特点,对于不同性格的学生采取不同的培训方式。高校可通过开展微课堂、专题式、流动课堂、现场教学等方式,针对学生不同的培训需求开展不同的培训方式,以增强培训实效。同时,通过逻辑推理、案例分析、团队合作、面试模拟等方式,培养学生的逻辑思维能力、人际交往能力以及就业能力。

三、建立监测预警机制

监测预警机制是家庭经济困难学生提升能力的保障,主要包含监测内容、监测反馈两个方面。通过监测内容以及监测结果反馈,可以检验资助育人工作成效,监测资助育人工作水平高低和质量优劣,评判资助育人产生的个体价值和社会价值,实现资助育人评价的诊断功能的有效发挥。

(一)监测内容

对家庭经济困难学生能力提升的监测需要关注学生在多个关键能力领

域的进步情况。监测内容要全面,应涵盖能力拓展过程监测、能力提升效果监测、持续性与长效性监测等多个方面的内容。

首先,能力拓展过程监测。过程监测应涵盖三个方面。一是资源投入情况,监测在资助育人能力拓展过程中投入的资金、人力、物力等资源是否充足,是否得到了有效利用。二是资助育人工作执行情况,跟踪资助育人能力拓展过程的实际开展情况,包括参与人员的积极性、活动的完成度、遇到的问题及解决方案等。三是进度与效率,定期评估资助育人能力拓展的进度是否与计划相符,是否存在延误或超前的情况;同时关注拓展活动的效率,确保能力拓展效益最大化。

其次,能力提升效果监测。能力提升效果监测主要分为三个方面:一是监测学生能力提升的效果,其重点要聚焦于学生知识掌握程度、创新思维、学习能力是否有所提升。二是监测学生实践能力的效果,实践能力的监测重点要聚焦于学生技能形成程度以及知识与技能的应用程度是否有所提升。三是监测学生综合素质的提升效果,其重点要聚焦于学生品德发展、身心发展、审美素养、劳动与社会实践等方面是否有所提升。

最后,能力提升的持续性与长效性监测。持续性与长效性监测主要分为两个方面。一是能力保持与持续发展,跟踪受资助学生在毕业后一段时间内能力保持和持续发展的情况,评估能力拓展机制的长远效果。二是机制完善与创新,应当不断探索和完善资助育人能力拓展机制,引入新的理念和方法,创新资助模式,提高资助育人的针对性和实效性。

(二)监测反馈

构建一套科学、客观、有效的监测反馈机制可以帮助资助育人工作认清现实与理想状态的差距,借助常规检查和阶段评审等手段,督促资助育人工作的进展,优化引导资助育人系统的建设,实现学生能力评价的监督导向功能。

监测反馈的实施可从以下角度着手:首先,明确监测反馈目标。明确监测反馈目标的意义在于为整个监测反馈过程提供清晰的方向和指引。监测反馈包括了解学生的学习进度、掌握程度、学习态度、兴趣点以及存在的问题等，这些目标将指导后续的监测反馈工作。其次，合理运用监测反馈方法。对家庭经济困难学生能力成长进行评价反馈要选用合适的反馈方法，例如，调查反馈法、综合反馈法、动态跟踪反馈法等，通过适宜的评价反馈方式，达到效果的最优解。此外，在进行监测反馈时要遵循及时性、准确性等原则，充分发挥监测反馈机制的效能，提升反馈质量。

第四节 精神教育机制

精神教育机制是旨在通过一定的教育内容、教育手段、教育方法提升大学生精神素质和丰富大学生精神世界的运行机制。具体而言，通过优化整合机制、强化价值引领机制、完善情感沟通机制、营造环境影响机制，提升家庭经济困难学生的精神风貌和精神素养。

一、优化整合机制

育人是学生资助工作的出发点和落脚点，应着力培养学生诚信、感恩、自强的精神品质。通过优化整合机制、教学整合以及组织整合，聚焦家庭经济困难学生精神培养，汇集教育合力。

(一)组织整合

组织整合就是要求高校资助育人工作组织内各个部门和人员都要朝着培育担当民族复兴大任时代新人的目标共同努力。具体整合的内容有：一是整合目标，即明确资助管理部门各个岗位的工作都围绕资助育人目标展开，形成战略协同效应。参与资助育人的各层级有着目标差异性，各自有分工和职能范围，与资助育人整体目标有距离，因此必须整合资助育人目标。二是机构整合，将原先分散的、涉及资助育人的相关部门进行有效整合，形成统一的资助育人中心或办公室，负责统筹协调全校的资助育人工作。这样可以避免工作重复、资源浪费，提高工作效率，确保资助育人工作能够统一思想、统一步调。三是流程整合，优化工作流程，打破部门壁垒，实现跨部门、跨岗位之间的协同作业，提高工作效率。各组织部门应共同整合校内外的资源，如校友资源、社会资源等，为资助育人工作提供有力支持。此外，加强资助管理人员的沟通机制，对于如何培养家庭经济困难学生的自强精神、担当精神和奋斗精神，思政课教师、辅导员以及学校的领导部门都要随时沟通，确保信息的畅通和共享。制定整合计划和方案，并按照计划和方案，逐步推进各项整合措施，确保资助育人工作顺利进行。

（二）教学整合

协同育人是一种全面系统的教育理念，思政课、专业课、通识课教学有效整合，可以系统培养家庭经济困难学生的精神素养。高校资助工作要促进教学整合，通过整合思政课、专业课和通识课系统培养家庭经济困难学生的精神素养。具体来说，一是要整合课程资源，学校应该整合思政课、专业课、通识课的课程资源，形成有机联系的课程体系，使学生能够在不同课程中获得全面的知识和技能。具体来说，要评估现有的教学资源，包括教材、教学设备、教师专长等，了解它们的特点和优势，要积极探索外部资源，如网络课程、专家讲座、实践基地等，为教学整合提供有力支持。二是加强课程间的联系，教师可以通过跨学科的教学方式，加强不同课程之间的联系和互动，使学生能够在学习中形成系统的知识体系，组织教师培训活动，提升教师对教学整合的理解和实践能力，鼓励教师之间的合作与交流，共同研究教学整合的方法和策略。

（三）队伍整合

队伍整合就是要整合教师队伍、辅导员队伍以及干部队伍，能够有效发挥思想政治教育队伍的整体效能。我们必须加强人才队伍的组织管理，以不同的方式把各类人才、各方面人力资源整合起来。在整合高校资助育人队伍的过程中，一是通过多样化的组织形式，如学术研讨会、专题工作会以及行业论坛等，有效整合资助育人工作的领导者、组织者和管理者，提升资助育人工作的系统化与高效化。资助育人队伍主要分散在学校各级党委宣传思想工作部门、学工处、教务处、财务处、学院等，为了提升他们的专业素养和协同能力，各级党委及资助育人领导部门通过每年举办专题工作会议，集中召集相关人员进行深度的理论学习、政策解读与工作交流。通过此类会议，明确各自在资助育人工作中的责任与任务，并协调各方的工作步伐与节奏，从而营造出一种协同推进、共同发展的良好局面。二是成立资助育人工作协调小组整合力量。校党委部门可根据资助育人工作需要成立工作小组，定期协商解决资助育人推进过程中的重大问题，协同行动部署，确保党委统一领导、党政群齐抓共管、有关部门各负其责的教育领导体制和工作机制落到实处，提高工作的协调性和统筹性。三是健全队伍选人用人机制，根据学校规模和资助工作需求，合理配置资助工作人员数量，建立激励机制，提高资助工作人员的工作积极性和职业满意度。加强培训与教育，建立完善的培训体系，包括岗前培训、在岗培训和进阶培训等。通过多种培训方式，如专题讲座、案例分析、实践操作等，提高资助工作人员的业务素质和技能水平。

二、强化价值引领机制

正确的价值引领可以帮助大学生明确自己的理想和梦想，从而确立自己的人生目标和追求。勇于奋斗、敢于担当、勤于自强等优秀品质是家庭经济困难学生人生道路上的宝贵财富。强化价值引领机制，培养奋斗精神，激发担当精神，弘扬自强精神，对于家庭经济困难学生的全面发展具有重要的现实意义。

（一）培养奋斗精神

新时代的奋斗幸福观，以人民为中心，以新发展理念为引领，以劳动创造为基础，以实现人的全面发展和社会的全面进步为目标，是新时代最有温度、最具感染力的动员之声。奋斗精神是激发家庭经济困难学生奋发向上的精神动力。家庭经济困难学生面对学业压力和经济压力，面临各种压力和挑战，容易产生低迷情绪，对于学生个人成长发展具有较大压力。拥有奋斗精神的家庭经济困难大学生在面对巨大学业压力和激烈的竞争时，不会因畏难情绪而自我放弃，失去前进的动力，奋斗精神塑造家庭经济困难大学生健全人格。

首先，学习习近平奋斗幸福观。习近平在多个场合强调幸福都是奋斗出来的,奋斗本身就是一种幸福,新时代是奋斗者的时代。习近平奋斗幸福观能够指引家庭经济困难学生树立正确的奋斗精神,幸福不仅是物质上的富有,更是精神上的享有。家庭经济困难学生虽然在经济上较为困难,但精神上可以富足,培养奋斗精神,为经济状况的改善指引方向。习近平奋斗幸福观指引家庭经济困难学生要在奋斗中感受到幸福的存在,在感受幸福的过程中了解奋斗的重要性,并且以迎难而上的勇气去追求多方面、深层次的幸福。

其次,践行志愿服务实践。志愿服务实践是培育家庭经济困难学生奋斗精神的有效途径,高校通过鼓励大学生参加志愿活动,进一步培养奋斗精神。家庭经济困难学生参与志愿服务,不仅是践行志愿服务精神的重要方式,也是理论联系实际、将所学知识在实践中检验的重要途径。家庭经济困难学生受到学校与社会力量的广泛资助,他们参加志愿服务实践能够培养他们的感恩精神,让家庭经济困难学生感受到奋斗带来的力量,引导家庭经济困难学生在志愿服务过程中进行实践锻炼,培养奋斗精神,加强自身奋斗能力。

(二)激发担当精神

担当精神是一种敢于承担、敢于负责的优秀精神品质。担当精神是家庭经济困难学生树立责任的思想基础。家庭经济困难学生,面对社会贫富差距等情况,容易产生思想信念动摇,影响世界观、人生观、价值观,从而导致缺乏责任感和担当精神。家庭经济困难学生需要树立强烈的担当精神,承担起家庭责任和社会责任。他们应该更加努力学习、工作,在自己的工作岗位上发光发热,成为一个具有高度社会责任感的新时代好青年。如何激发家庭经济困难学生的担当精神,具体从以下三方面着手:

首先,发挥思政课主渠道作用,以科学理想信念激发担当精神。一是思政课教师要通过党史教育让家庭经济困难学生了解中国共产党团结带领中国人民在科学理想信念指引下为中国革命事业抛头颅、洒热血的英雄壮举,进而让其感受到科学理想信念的精神伟力。二是思政课教师及有关部门要创新思政课形式,增强思政课教学的针对性,不断强化家庭经济困难学生对马克思主义理论尤其是习近平新时代中国特色社会主义思想的认同。三是充分挖掘各门课程中蕴含的担当精神培育资源,确保各门课程与思政课同频共振,形成协同效应,增强担当精神培育的课程合力。

其次,发挥高校思想政治教育主阵地优势,以文化活动涵养担当精神。新时代家庭经济困难学生担当精神的培育要充分发挥高校思想政治教育主阵地优势,以丰富多彩的文化活动涵养担当精神。因此,高校要开展好校园主流思想文化建设,把担当精神培育融入党日团日、主题班会等活动之中,增强家庭经济困难学生爱党爱国意识和使命自觉。例如,在中国人民抗日战争胜利纪念日、烈士纪念日等时间,高校通过组织瞻仰纪念碑、祭扫烈士墓、公祭等活动,引导家庭经济困难学生牢记历史、不忘过去、面向未来,从而激发担当精神、凝聚奋进力量。

最后,利用社会大课堂,以社会实践淬炼担当精神。担当精神不仅应该在思政小课堂上涵养,更应该在社会大课堂中淬炼。在社会实践中体会担当精神的价值内核,进而淬炼担当精神。高校要打通思政小课堂和社会大课堂之间的壁垒,实现思政小课堂同社会大课堂有机衔接,为家庭经济困难学生在寻找社会实践单位上提供便利。除此之外,高校还应当不断创新社会实践监督机制,组织集体实践,并安排人员全程指导,有效杜绝家庭经济困难学生参加社会实践流于形式,真正发挥社会实践对家庭经济困难学生担当精神培育的重要作用。

(三)弘扬自强精神

自强精神是人在行为和思想上独立自主和发愤图强的精神品格,是个人实现自我进步与发展的内生动力,表现为自己在生活和学习中努力向上、自我勉励。相比于家庭经济状况良好的大学生,家庭经济困难学生更容易遇到困难和压力,难免会遭受学业上、交友上、情感上的困难或挫折,长此以往会造成较大精神压力,产生心理障碍。培育家庭经济困难学生自强精神,能够帮助其在面临困难和挫折时更加从容。弘扬家庭经济困难学生自强精神,应从以下两方面着手:

首先,开展心理健康教育培养自强精神。要重视对家庭经济困难学生心理健康的关注与教育,根据家庭经济困难学生身心发展特点和心理学规律开展心理健康教育。具体可以从以下方面开展:一是引导家庭经济困难学生正确看待家庭经济状况，家庭经济状况的好与坏决定不了家庭未来的发展趋势，只要自己愿意通过自身努力，就一定能够提升家庭经济水平。二是加强家庭经济困难学生抗压能力的训练。提升家庭经济困难学生抗压能力的训练，能够帮助其更有信心和能力解决问题，将问题变成机遇，产生自信心，树立自强精神。

其次，加大宣传力度弘扬自立自强精神，可以充分利用网络媒体弘扬自强精神，发挥网络媒体的宣传作用，加强对家庭经济困难学生自强精神的培育。充分发挥主流媒体的主导作用。我们可以通过主流媒体弘扬自强精神，让大学生对培育自强精神产生更大的主动性，把自强精神内化于心、外化于行。在宣传的过程中，要注意宣传内容的亲和力、要贴近家庭经济困难学生的生活，这样才能更好达到宣传效果。家庭经济困难学生通过网络媒体进一步了解到自强精神的内涵、新时代践行自强精神的榜样人物以及如何弘扬大学生自强精神，有助于家庭经济困难学生树立自强精神，进一步弘扬自强精神。

三、完善情感沟通机制

教育质量的提升不仅需要物质支持，更需要情感的滋养。对于家庭经济困难的学生而言，高校不仅要通过资助确保他们的教育公平，更要通过深化情感沟通机制，增强他们的自尊、自爱、自强和自立，促进其全面发展。这种情感支持可以体现在理性激励与情感支持的有机结合上，通过理智的引导与深情的关怀并重，实现以理促情、以情动情、以行导情的育人目标。

（一）以理促情

高校在开展资助工作时，要做到以理促情，关键在于实现以理性认知促进情感共鸣，以此培育家庭经济困难学生的正确价值观和生活态度，进而激发他们的社会责任感和自强不息精神。

第一，高校资助体系应融入社会责任理念，以此促进学生的情感认同。学生接受资助时，不仅应理解这是社会的帮助，更应被启发思考如何回馈社会。通过宣传家庭经济困难学生成功案例和开展志愿服务活动，可以激发学生的社会责任感,增强他们对社会的情感联系和认同。资助不仅解决个体问题,还传递了社会正能量,强化了学生作为社会公民的责任感,从情感上促使他们更积极地回馈社会。第二,高校资助体系应强调公平正义理念,以此促进学生之间的情感支持。高校应正视每个学生的需求差异,实现真正意义上的教育公平。这有助于学生理解各种资助政策的必要性和重要性,进而内化为对他人的同情与支援。通过形式多样的研讨会,促进学生之间的理解与支持,提升他们的集体归属感和团队协作精神。第三,资助应强调自我成长和发展的重要性,以此促进学生的情感发展。资助不仅是物质上的帮助,更应重视学生的自我成长和发展。高校应通过资助育人政策帮助学生设定合理目标,提供必要的学业和心理辅导,助力学生形成积极的自我认知。有助于学生树立信心,培养他们面对困难和挑战时的良好心态。

(二)以情动情

针对家庭经济困难学生,以情动情要求我们营造一个充满人文关怀的教育环境。情感沟通不仅能缓解家庭经济困难学生的心理压力,也能为其成长营造一个充满理解与支持的环境。有效的情感关怀能促使这些学生在克服困难的过程中感受到社会的温暖和信任,激发其内心的活力和潜能。资助工作者要有爱心、诚心、细心,做好家庭经济困难学生的情感关怀,确保每个学生都不仅在物质上得到支持,更在情感上感受到来自社会的关怀和鼓励。

第一,资助工作者必须具备爱心。一个有爱心的资助工作者不仅关注学生的经济需求,更会关心学生的情感和精神世界。资助工作者是重要的心理关怀者,他们的情感支持对于学生建立积极的心态、增强抗挫能力至关重要。第二,资助工作者应当具备诚心。诚心就是在日常互动中展现真实的关心而非形式化的应对,从而与学生建立信任与尊重。诚心主要体现在诚实与公正地处理资助事务以及真诚地与学生沟通。在理解和响应学生需求时必须保证透明和公正,确保每一项资助活动和决策都是为了学生的最大利益。第三,资助工作者需要具备细心。高效和贴心的资助服务来源于对学生情况的精准把握与对细节的关注。资助人员需留心学生的变化,关注他们在学习和生活上可能遇到的困难,通过细致入微的关怀来实现真正的帮助。

(三)以行导情

以行导情主张通过具体的行动去引导和激发学生正向的情感发展。高校在资助育人的过程中,应注重通过实际行动激发学生的情感共鸣,增强他们的自信感、成就感和责任感。这一方法不仅关注解决家庭经济困难学生的物质困难,更通过具体行动表达对学生的深切关怀,激励他们积极面对生活和学习上的挑战。

第一,高校通过设立学生助工岗位,为家庭经济困难的学生提供勤工助学的机会,这有效增强了学生的自信感和成就感。在岗位上学生不仅能够获得经济支持,还能通过劳动体验到其意义和乐趣,这极大地提升了学生的自信感。同时,学生在成功完成任务并得到对应报酬时会有很强的成就感。第二,高校可以提供一定的社会实践机会,鼓励学生积极参与社会实践活动,增强社会责任感。例如,通过组织学生参观企业、社区服务中心、公益组织等,学生在实际参与中感受到社会对他们的期待和信任感,在行动中收获成长和成功的体验,意识到自己的责任和使命,这将强化他们的责任感。第三,高校通过开展职业生涯规划辅导,帮助家庭经济困难的学生明确自己的未来发展方向和目标,增强了学生的责任感。职业规划不仅让学生更清晰地认识到自己的潜力和优势,树立正确的职业观念和人生目标,也让他们理解到人生的责任,即用自己所学报效社会,为社会贡献自己的力量。

四、营造环境影响机制

随着全球政治、经济、科技、文化等方面的发展和变革,深刻改变了人们的思想和生活。资助育人环境对资助育人工作同样有着重要的影响,从环境的影响范围来看,资助育人的环境可以分为宏观环境和微观环境。

(一)宏观环境

资助育人的宏观环境包括整个社会对资助系统造成影响的所有因素,主要包括社会环境、经济环境、文化环境三种,优化这三种环境对于高校资助育人具有重要意义。

优化社会环境。社会环境是由众多社会组织所构成，或是为了实现针对特定工作目标过程中形成的独立的社会群体，包括慈善组织、社会部门等。资助工作与社会组织也有着重要的联系，这些社会组织能够有效助力高校资助工作。社会组织设立奖学金项目，对家庭经济困难但品学兼优的学生进行奖励，鼓励他们继续努力学习，对他们进行物质方面的帮助。社会组织要承担思想政治教育的重要责任，主动承担对家庭经济困难学生的思想教育工作，创新高校资助育人的形式，提供就业实习岗位，鼓励家庭经济困难学生，让他们在社会实践中获得经济帮助，培养综合能力。

优化经济环境。随着我国脱贫攻坚战的全面胜利和经济实力的稳步提升，新时代的资助育人工作所处的经济环境已发生了显著变化。为了进一步优化经济环境，我们需要继续举全党全国之力，统筹兼顾、全面推进，确保包括脱贫群众在内的广大民众能够过上更加幸福美满的生活。优化资助育人经济环境的根本举措在于促进经济持续发展。生产力的提升是实现社会全面发展和人的全面发展的基础。因此，我们需要特别关注地区的经济发展，通过提升这些区域的经济发展水平和人民生活水平，从根本上解决家庭经济困难学生的经济问题。

优化文化环境。文化作为地区和人群生活方式的体现，以及人们日常思考、行动和创造的源泉，在无形中塑造着人的思想和行为。为了营造更利于资助育人的文化环境，首先，坚守正确的文化发展方向。这要求在文化建设中始终坚持马克思主义的指导地位，贯彻社会主义核心价值观，增强文化自信，推动文化的繁荣发展。其次，推动文化事业的健康发展。文化事业作为文化环境的重要组成部分，在满足人们精神文化需求、提升思想品德方面扮演着重要角色。家庭经济困难学生浸润在文化环境之中，自然而然地接受先进文化的洗礼和熏陶，潜移默化地丰富了家庭经济困难学生的精神世界，帮助他们更加从容、自信地学习、工作和生活。

(二)微观环境

相比于宏观环境，微观环境对资助育人的影响更加直接，学校环境、家庭环境、班级环境优化是微观环境优化的重要内容。

加强校园环境建设。高校应结合学校实际情况，在校园环境建设、文化景观布置上体现办学风格。同时，加大在教学设施和学生生活条件方面的投入，确保满足学生发展和资助育人工作的需求，为学生提供舒适的学习和生活环境，为资助育人提供必要的场所和设施。通过制定科学合理的规划，探索创新机制，利用多样的文化载体、文化活动和文化资源，加强校园文化气息和人文审美教育。同时，重视科学与人文精神的发展，融合现代与传统，具备全球视野，批判性接纳多元校园文化。

营造良好的家庭环境。家庭是大学生从小成长的地方，对他们的发展有至关重要的作用。首先，家庭经济困难的家长应该多关爱子女的心理健康，应多与孩子沟通，了解他们的想法、需求和困惑，提供情感支持和建议。通过积极的交流，可以增进父母与孩子的关系，为孩子提供安全感和归属感。其次，保持家庭成员之间的和谐关系，特别是父母之间的关系。一个充满爱、尊重和支持的家庭环境能够给予孩子足够的安全感，有助于他们的心理健康发展，积极面对生活中的困难。最后，尊重孩子的兴趣和爱好，参与到他们的学习和生活中，给予他们爱的陪伴。引导他们正确面对家庭经济状况不佳，鼓励他们努力学习。

优化班级环境。良好的班级环境能够增加大学生的归属感，促进大学生的全面发展，还能培养他们的团队合作精神和社会责任感，为他们的未来奠定坚实的基础。建立积极的班级文化，树立班集体共同的奋斗目标，号召班级同学共同努力学习，激发大学生的学习热情和集体荣誉感。在班上倡导积极向上的价值观，引导班级同学相互尊重，共同合作，相互帮助，家庭经济困难学生能够在其中感受到班级的温暖和力量。

第六章 新时代提升高校资助育人质量的实践路径

进入新时代,如何有效地通过资助政策和程序提升育人质量,实现社会公平与培养时代新人的重要性日益凸显,因为教育既是促进社会公平的关键途径,也是培养未来优秀的人才的基石。我们探索并实施高效精准的育人实践路径,不仅有助于减轻家庭经济负担,促进学生全面发展,还是促进社会和谐发展、推动经济持续健康发展的重要保障。

第一节 创新资助育人方法,提升工作精度

在新时代背景下,高校资助育人面临着诸多挑战,资源分配不均,执行难度、需求多样化以及社会经济的快速变化,这都给高校资助政策的公平性、有效性与及时性提出了更高的要求。创新资助育人方法可以确保资金的有效使用,提高资助育人的精准度。通过实施更具有针对性和个性化的资助育人措施,可以更好地满足学生多样化的需求,促进学生的全面发展,对提升整个高等学校的教育质量和效能具有重要的现实意义。

一、智慧系统助力精准识别

高校资助智慧系统可以通过先进的数据分析和人工智能技术,对学生的经济状况、学术表现以及个人需求进行系统的分析和识别,实现教育资源的精准分配。这种方法不仅增强了资助的目标性和实效性,还可以有效地减少资源浪费,确保资助资源都能用在“刀刃上”。利用智慧系统助力精准识别,不仅提升了资助工作的质量和效率,也是推动教育公平和促进社会整体进步的关键措施。

在新时代,信息技术和智能系统的迅猛发展,为高校资助育人工作带来了前所未有的机遇。智慧系统通过对资助对象的精确识别和管理,确保了

资助的准确性和公平性，还能提高资助效率。第一，智慧系统通过大数据和人工智能技术，能够对学生家庭经济状况进行精准的分析和评估，从而确保资助资金真正发放到最需要的学生手中。智慧系统使整个资助过程更加透明和公正，避免了资源的浪费和滥用，真正实现了资助的公平性。第二，智慧系统可以快速、准确地识别，能通过自动化处理，大幅缩短这一过程的时间。系统还能根据实时数据进行动态调整，确保资助工作的及时性和准确性。第三，通过精准资助，智慧系统能够帮助家庭经济困难学生解决经济困难，减轻他们的学习压力。这不仅有助于他们在学业上取得更好的成绩，还能促进他们在各方面的全面发展。

智慧系统以其强大的计算性能和广泛的应用性，通过广泛收集相关信息和数据，能够精准了解学生的经济状况、思想状况和能力水平。第一，智慧系统精准识别大学生经济状况。智慧平台通过大数据分析、云计算等技术手段，准确收集学生家庭经济详细信息，主要包括其家庭成员的职业、家庭日常开支与收入等方面。根据以上信息，智慧平台通过数据分析系统对学生经济状况进行全面分析，建立数字模型，构建科学的认定指标体系，将学生的经济状况分为不同的等级，精准识别大学生经济状况。第二，智慧系统精准识别大学生思想状况。环境对人的影响是巨大的，不同的成长环境可以影响甚至是改变一个人的思想状况、性格以及行为方式等。一方面，智慧系统能够通过全面收集大学生政治信仰、价值观、道德观以及心理健康状况等多方面信息，并深入分析，以分别揭示大学生显性和隐性的思想状况。另一方面，智慧系统在对大学生思想状况信息收集的基础上，应该坚持系统的、辩证的观点，结合各种可能对其造成影响的外界环境因素，辩证分析大学生思想状况，避免大学生思想状况分析停留在表面。第三，智慧系统精准识别大学生能力水平。智慧系统在识别大学生能力状况时，通过全面评估大学生学术能力、沟通能力、组织能力等各方面，促进更科学地制定资助计划。要动态监测大学生能力水平的发展，收集实时的相关数据，追踪大学生能力的变化，以此作为能力水平判断的重要依据。

通过构建智慧系统，高校能够实现对学生资助需求的精准识别与有效支持，这主要依赖于四个环节：数据收集、数据处理、数据分析以及结果输出。第一，数据收集是精准资助的基础。高校需收集学生家庭经济情况、学业成绩及社会关系等方面的数据，这些数据的全面性直接影响到后续处理和分析的准确性和有效性。第二，数据处理是确保数据质量的关键。高校需要清除数据中的异常和重复信息，确保分析结果真实可靠。第三，数据分析是智慧系统发挥作用的核心。高校应对处理好的数据进行综合分析，评估每个学生的资助需求。学校从大量数据中识别出需要资助的学生，并评估其资助的紧急程度和潜在需求。第四，结果输出是将分析结果转化为实际操作的重要步骤。智慧系统分析出的资助名单和档次输出为清晰、准确的报告，供资助管理部门参考和执行，这确保了数据分析的成果能够转化为具体的资助措施，实现精准扶助。

二、智能算法助推精准服务

习近平在全国高校思想政治工作会议上指出："要运用新媒体新技术使工作活起来推动思想政治工作传统优势同信息技术高度融合，增强时代感和吸引力。"[①]深刻揭示了新技术在思想政治教育工作中的重要作用。随着大数据时代的到来，先进的算法技术可以为资助育人工作赋能，助推资助育人工作向个性化与人性化的方向发展，为家庭经济困难学生提供更加精准的服务，使资助育人工作助力教育事业的高质量发展，适应时代发展的要求。

(一)智能算法的本质

智能算法是技术人员通过预设规则与逻辑，赋予其收集数据、分析数据、信息过滤和精准推送等功能。算法推荐在开发和应用过程中，研发者以及运营管理者等，在对算法推荐规则、逻辑和程序的设定过程中有着或大或小的影响，导致其工作结果的客观性也会受到一些价值观念的影响。除此之外，在运用此技术工具的过程中，智能算法的运作可能会受到其他各种因素的影响，如数据收集过程中数据的完整性、准确性与多样性都会影响智能

① 习近平在全国高校思想政治工作会议上强调:把思想政治工作贯穿教育教学全过程开创我国高等教育事业发展新局面[N].人民日报,2016-12-09.

算法功能的发挥;算法模型的设计和选择由于其适用范围不同的特点,在不同场域下不同算法模型的功效有着很大的差异,因此只有最合适的算法模型才能真正发挥其效用。由此看来,为使算法推荐技术充分发挥其时代价值,积极赋能其他各项工作,人类也需运用正确的方式有效利用算法推荐这一技术工具。

(二)智能算法助推资助育人工作的现实需要

传统资助育人工作往往受到资源、空间和时间的限制,难以实现真正的个性化资助目标。基于现实情况,算法推荐在资助育人工作中的应用是必然趋势。

第一,提高准确性的需要。传统资助方式往往依赖与学生提交的申请表以及相关证明材料来进行资助对象的识别,这种方式容易存在主观性,还有可能出现信息不准确的情况。因此需要运用智能算法整合多方渠道的数据从而进行全面的数据收集,包括学生的学业成绩、学生家庭经济状况等,根据对这些数据的深入挖掘与分析,构建个性化的识别模型精准识别资助对象。另外可以利用数据分析对资助对象的需求进行预测和识别,提供个性化的资助方案,让资助工作的开展更加精准。

第二,提升灵活性的需要。传统资助资源的分配可能无法完全满足学生的个性化需求和社会快速变化的现状。智能算法基于对家庭经济困难学生相关数据的收集与分析,可以建立动态调整和信息丰富多样的资助育人工作数据库,从而进行合理的资源分配,同时根据监测学生实际需求的变化进行调整,提高资源供给的灵活性。

第三,实现高效性的需要。传统的资助育人工作开展通常需要大量的人力物力去开展一系列烦琐的审批流程,也需要花费大量的时间。通过运用智能算法,可以减少人工操作,提高工作效率,同时根据线上线下相结合的方式也简化了学生提交材料等各种手续的办理,为学生提供更加便捷的服务。

第四,增强公正性的需要。传统资助育人工作在评选过程中也会有人为干预较多的情况出现,会导致工作开展中资助资源的浪费。运用智能算法推进信息透明化和数据可视化，接受社会监督，让工作实施更加公正透明，对公众反映的问题进行及时处理和反馈。通过数据分析和反馈机制，及时发现和纠正资助过程中的不公平现象，确保资助的公平性与公正性。

（三）高校利用算法推进资助育人工作的具体要求

智能算法通过运用一定的算法，推测出用户可能感兴趣的东西，后经过分析与建模，实现信息的精准分发和用户偏好的精准匹配，这为推进高校资助育人工作带来了新契机。算法驱动高校资助育人全方位提升，增强高校资助育人工作安全性、全面性和差异性。

首先借助算法精准识别资助对象需求，提升资助育人工作的针对性。借助算法可以帮助高校精准识别资助对象的全方位需求，包括生活需求和学习需求，以丰富资助育人实施途径。一方面，作为高校资助育人主体的教师，可以利用算法识别家庭经济困难学生的学习和成长发展需求，实现精准资助，依据家庭经济困难学生的学习困难以及能力拓展相关问题，提供针对性教育。例如教师利用算法汇集整合不同的数据，如学生的学习记录、浏览记录（浏览不同内容的时长、搜索记录等），以识别家庭经济困难学生的学习兴趣和特长，实施个性化的思想政治教育内容和策略。同时发现学生在社交网络平台发表不当言论时，教师也可以及时干预，预防家庭经济困难学生出现心理问题。另一方面，高校资助工作者可以借助算法，精准识别家庭经济困难学生的生活需求。如2023年湖南科技大学就利用算法整合10个校内食堂的635万余条消费数据，选取食堂就餐率、日均消费额、性别等指标，得到家庭经济困难学生的精准认定模型，精准识别需要资助的困难学生，为这些学生发放了就餐补贴。

其次，借助算法精准识别资助对象信息，提升资助育人工作的全面性。在利用算法对家庭经济困难学生的需求分析和预判预警的基础上，高校资助工作还可以借助算法为学生量身定制资助方案，提升资助育人工作全面性。由于困难程度不同的学生有不同的致困因素，所需也不尽相同，利用算法分析，根据学生的困难程度、应急程度等划分资助优先级，并根据其困难状态智能匹配个性化的资助方案。此外还可以根据其学习需求，提供个性化的学习方案，如个性化的学习资源和实践机会，针对其未来职业需求，提供针对性能力提升培训和就业指导等。

最后，借助算法精准识别资助对象特征，提升资助育人工作的科学性。一方面，可以利用大数据机器学习算法，预测受助学生的家庭困难等级。新生在精准资助系统上申请困难补助后，提交纸质证明，即高等学校及家庭情况调查表，高校可根据已搭建的模型，对新生进行分类。例如针对学生的困难情况，利用大数据算法的家庭经济困难认定模型，根据家庭经济因素、特殊群体因素等，整合多方数据，通过模型运算分析得出预认定等级，将学生分为不困难、一般困难、困难和特别困难四种情况进行预测，为后续学生入学提供精准帮扶奠定基础，同时系统不断更新，算法模型也能够动态监控，针对学生家庭情况的变更，随时调整帮扶措施，为入学前存在困难或者上学期间遇到困难的学生提供精准帮扶。另一方面，可以利用算法分析技术对学生的学习生活数据进行分析和建模，进一步预测学生的学习和生活行为趋势，生成学生用户画像。我们运用先进的算法分析技术，对学生在学业、社团、消费和上网等各个维度上的表现进行量化评估，更加全面地了解学生的个性特征、目标规划、学习能力、社交关系、成长轨迹以及潜在的就业倾向，并结合学生的个人背景信息，形成每个学生的个性化画像。这些画像不仅展现了学生在不同方面的优势和不足，还为我们提供了对学生进行深入分析和预测的依据。

虽然算法的使用具有很多优势，但高校资助育人要始终坚持以学生为中心，关注人本身。对于算法预测评估数据，要避免唯数据论对学生进行终结性评价。在使用算法技术过程中，需要进行严格监督，提升资助工作者的算法素养，确保数据采集和应用的公正性与准确性，为资助工作奠定坚实基础。

三、基础数据驱动精准治理

为切实加快推进高校资助育人工作数字化转型，发挥资助数据作用，高校要充分利用基础数据，通过共建共享信息数据库，加强对数据的分析和决策，不断推进高校资助育人工作精准治理。

(一)共建共享信息数据库

随着互联网技术的快速发展,人们进入了全新的大数据时代。家庭经济困难学生资助工作,一直以来备受高校重视,在大数据背景下,如何运用大数据建立数据库实现家庭经济困难学生的精准资助管理是高校不断努力前进的方向。如今,部分高校都建立了属于自己的学生资助系统与数据中心,但在资助育人实践中仍是以人为因素作主导,没有发挥大数据作用的应有之义。

资助育人数据库要完整覆盖学生基本信息、学生家庭基本信息、学生家庭收入和资产信息、学生家庭属性信息等。高校要在保证数据准确性、时效性和完备性的前提下,建立完善的数据库,为资助数据共享提供权威的信息支撑。当前高校对于家庭经济困难学生的管理多基于学生所填写的表格,包含家庭基本信息、困难证明等,这种传统的认定管理模式存在一定漏洞。一方面,纸质的证明容易产生伪造等行为,通过伪造困难证明骗取困难名额,获取资助金。另一方面,困难认定资格并没有深入家庭实践考察,进行详细的核实,不利于了解家庭经济困难学生的资助需要,难以有效地提升资助管理的准确性和有效性。学生资助管理系统在一定程度上只是一种形似的体现,是信息数据建设的"摆设"。要想打破传统班级评议后上报辅导员筛选的评定模式,就要以更高标准建立数据调研,实现对家庭经济困难学生的精准资助管理。因此,为了克服认定材料的不够全面、资助需求不对标、缺乏动态管理等问题,高校非常有必要建立资助育人数据库。

高校资助育人工作的每一步都要基于对家庭经济困难学生进行情况调查和数据统计,全面挖掘家庭经济困难学生的信息,单靠高校是无法完成的,这就需要充分利用和发挥大数据的作用。高校运用大数据全面提升家庭经济困难学生的资助管理水平,就需要建立一个包含财政、民政、银行、教育等部门的全面动态数据,在数据库里实现各个方面的数据共享。学生家庭经济信息数据涉及教育、民政、银行、工商及残联等多个部门,相关部门的信息数据建设是以各自业务和需求为导向,数据分散在架构不统一、开发语言不一致、数据库多样化的系统中,形成了单个的"信息孤岛"。高校的学生管理、教务、招生、财务、门禁等系统数据和校内消费信息同样尚未完全互联互通。治理资助数据，挖掘数据价值，实现资助育人管理精准化，需要打破校内校外信息孤岛，促进数据互融互通，构建共享数据库。联合教育部门、民政部门与银行部门等建立统一的学生资助数据库，定期检查和更新数据内容，实现数据资源的有效共享，利于深入开展家庭经济困难学生的资助管理。通过对学生家庭情况、校园卡消费记录、手机支付记录、购物记录等数据进行收集、提取和整理等工作，逐步形成高质量的家庭经济困难学生信息数据库，并实时更新完善，帮助高校全面、及时、客观了解家庭经济困难学生的实际情况。

建立家庭经济困难数据库，定期采集学生家庭经济情况、学生受助情况、在校消费数据、辅导员及寝室室友对其日常评价等公开性的数据，涵盖各个方面、各个层次的数据统计，精准治理认定工作和学生资助管理工作。各个高校应树立大数据联动思维，群策群力，与有关部门实现资源、数据的互通共享，对相关信息进行优化整合处理，实现数据的有效运用，形成合作共赢态势。消费数据与家庭经济情况等数据是敏感且易被不法分子盗取的对象，容易造成信息泄露。在共建共享家庭经济困难学生数据库的同时，要注重保护学生数据的隐私。对家庭经济困难学生而言，经济情况是他们自卑且不愿被人熟知或议论的话题，为尊重和保护学生隐私，数据库的建立、使用、管理等都是要十分注意的。

（二）强化数据分析与决策

马克思指出："一种科学只有当它达到了能够成功地运用数学时，才算真正发展了。"[①]大数据技术增强了思想政治教育学科利用数学方法分析和解决问题的特点。尤其对于高校资助育人工作来说，对家庭经济困难学生的行为、生活、心理等状态及特征变化进行精准地捕捉、回溯、描述、计算、预测，这极大地提高了高校资助育人定性分析、定量分析、计算模拟分析等能力。高校资助育人工作应借助人工智能、大数据、区块链等数字技术，对学

① [法]保尔·拉法格.回忆马克思恩格斯[M].胡尧之，等，译.北京：人民出版社，1954:7.

生的特性数据和行为数据进行更深入的观测、收集与分析，将模糊复杂的高校资助育人治理问题可视化、治理过程可触化、治理结果可感化，实现治理过程的清晰化、精准化，提升高校资助育人精准治理的服务水平。

首先，通过数据分析增强资助育人工作治理问题可视化。一方面，建立专门的学生资助数据可视化平台，将资助育人的各项数据以图表、热力图等形式直观展示，将学生在校期间的餐均消费、就餐时段、区域特征等影响因子图表化，形成资助决策驾驶舱，分群体、分周期、分档次开展受助群体特征挖掘与识别，为调整资助初筛条件、区分策略和补助方案提供决策参考，发挥数据信息的“显微镜”作用，帮助高校资助育人管理者和工作人员快速了解资助工作的整体情况，发现潜在的问题和趋势。另一方面，高校应当充分利用大数据技术，实时监控学生资助的各项指标，一旦发现异常情况，及时发出预警信号，为高校资助育人工作精准治理提供数据支持。

其次，通过数据分析增强资助育人工作治理过程可触化。一是优化申请与审核流程，简化学生资助的申请流程，提高审核效率。高校可以通过制定绿色通道实施、学费减免申请、家庭经济困难学生认定、民主评议实施、学生综合素质测评、奖助学金评审、临时困难补助申领、勤工助学等工作流程，线上线下结合记录相关过程，规范资助工作，使资助过程更加便捷、高效。二是设立专门的反馈渠道，通过在线反馈系统、意见箱等，鼓励学生、教师和家长对资助工作提出意见和建议，并及时收集并处理这些反馈，不断优化资助育人工作的流程和服务。

最后，通过数据分析增强资助育人工作治理结果可感化。一是通过大数据分析和经验总结，从学业发展、职业发展、个人发展和社会能力等方面建立家庭经济困难学生发展标准链。根据家庭经济困难学生需求，融合目标链和价值链，量身定制“菜单式”帮扶方案，绘制数据画像，为每个学生提供最适合的资助措施。二是根据数据分析结果强化人文关怀，在资助过程中注重人文关怀，关注学生的心理健康和成长需求。通过开展心理辅导、职业规划等活动，帮助家庭经济困难学生建立正确的人生观和价值观，促进其全面发展。

第二节 拓宽资助育人渠道，提升工作广度

资助育人工作是一个系统工程，需要多方力量共同努力形成育人合力。拓宽资助育人渠道是提升资助育人工作广度的重要方式，通过广泛调动社会资源、多渠道进行资助育人，能够提升资助工作广度、推动教育公平和促进学生全面发展。

一、发掘各方资源，构建多元化育人格局

构建多元育人格局是推动资助工作全面发展的重要举措，是提升资助育人工作广度的重要途径。多元育人格局的建立，汇聚了各方资源投入资助育人工作中，能够有效促进大学生的全面发展。构建多元育人格局，需充分挖掘政策资源、学校资源、社会资源以及校友资源，使其服务于高校资助育人以及家庭经济困难学生的全面发展。

(一)政策资源

近年来，国家根据高校发展情况不断更新支持资助育人工作的政策，使资助育人工作的资源保障更加全面，更有针对性，在工作中基本保障了家庭经济困难学生的学习与生活需要，为受助学生顺利完成学习和愉快生活进一步扫除障碍。尽管国家对于高校资助育人工作分配的物质资源不断增加，重视程度也不断提高，高校资助育人的工作取得了较为显著的成果，但同时也显露出一些问题。例如，还有少数真正困难的大学生未能获得国家助学金，反而经济状况较好的同学申请助学金并获得，这导致真正需要资助的大学生未能享受到经济资助，未能有效改善经济状况，所以还需要进一步完善相关政策。

近年来，随着国家对高校资助育人工作越来越重视，投入了更多的资金，高校资助工作相关政策也更加完善。国家资助政策主要有国家奖学金、国家励志奖学金、国家助学贷款、高等学校毕业生基层就业学费补偿贷款代偿、应征入伍服义务兵役学费补偿贷款代偿及学费资助、绿色通道等资助政策。国家奖学金主要针对的是品学兼优的大学生。国家励志奖学金是家庭

经济困难学生中成绩优异的学生才可以获得。国家助学贷款是为了预防家庭经济困难学生因经济问题失学,分为校园地国家助学贷款和生源地信用助学贷款。高等学校毕业生基层就业学费补偿贷款代偿是国家对中央部门所属全日制普通高等学校应届毕业生,自愿到中西部地区和艰苦边远地区基层单位就业、服务期达到3年以上(含3年)的,实施学费补偿和国家助学贷款代偿。应征入伍服义务兵役学费补偿贷款代偿及学费资助是国家对应征入伍服义务兵役的高等学校毕业生在校期间缴纳的学费或获得的国家助学贷款及其产生的利息实施一次性补偿或代偿。绿色通道是经济困难学生入学时缓交学费。以上资助政策大多是针对家庭经济困难学生提出的,因为大部分政策针对的对象是家庭经济困难学生,这些国家层面的资助政策是国家对家庭经济困难学生的关爱,保障了他们大学期间顺利完成学业。

(二)学校资源

学校资助育人资源是最直接能够帮助到家庭经济困难学生的资源,是高校资助育人的重要资源。学校资助资源内容丰富,主要包括物质资源、制度资源和精神文化资源。

物质资源是高校为缓解家庭经济困难学生经济压力而在物质方面给予的资助资源,主要包括经济资助和物质资助两方面。在经济资助方面,主要是通过对家庭经济困难学生发放国家励志奖学金和助学金,帮助他们顺利完成学业。除此之外,高校会为家庭经济困难学生提供勤工助学岗位,给予一定经济报酬。在物质资助方面,不同高校有不同的做法,大部分是为家庭经济困难学生提供学习材料、生活物资等必需用品。例如,湖南科技大学每年都会给家庭经济困难学生提供御寒棉衣。

制度资源是高校资助育人功能发挥的重要保障,良好的制度育人条件能够让家庭经济困难学生获得真正的帮助,达到资助育人的良好效果。对家庭经济困难学生的认定要更加精准化、科学化,并且规范资金发放程序,使资助金额能够让有需要的学生获得,在他们的身上发挥最大的价值和作用。要进一步完善大学生资助管理机构和干部行为规范的管理。包括严格落实国家各项资助育人政策、制度,制定适合本校的各项资助制度、工作流程、行为规范等。树立合理的资助育人理念，不断完善和创新资助管理方法，在资助育人过程中注重人文关怀，使高校资助育人更加科学化、人性化。

精神文化资源是人类在长期历史发展过程中所形成和积累的各种精神产物和意识形态。对高校资助育人工作而言，充分发挥精神文化资源的作用即注重在资助过程中对家庭经济困难学生精神层面的培养和教育。精神文化资源在高校家庭经济困难学生资助育人工作中扮演着举足轻重的角色，它不仅为资助工作提供了明确的方向和动力，还为学生们提供了一个健康、和谐的成长环境。为充分发挥精神文化资源的作用，高校应积极推动校园文化建设，营造积极向上的氛围。例如，通过举办各种文化活动、讲座、展览等，激发家庭经济困难学生的兴趣和潜能，提升他们的文化素养和综合能力。通过校园文化建设深化家庭经济困难学生对精神文化理念的理解和认同，使这些理念更加根植于资助工作的实践中，激发家庭经济困难学生的内在动力，培养他们的社会责任感和使命感。

（三）社会资源

社会资助育人资源是指政府、企事业单位、社会团体、个人等通过不同渠道和形式，为需要帮助的群体提供经济等方面的支持和帮助。这些资源通常以现金资助、物资捐赠、教育培训、就业安置等形式出现，旨在提高受助者的生活质量，促进社会公平和公正。

社会资助行为体现了资助者的社会责任感和诚信意识，是高校资助育人工作的重要组成部分。政府可以通过实施“谁资助谁受益”的相关政策，可以激励更多的企业和个人积极参与社会资助，进而使家庭经济困难学生获得创业和就业的更多机会。例如，将社会资助行为纳入征信系统，作为衡量企业、个人诚信程度的重要指标。这一政策提升了社会资助的公信力，也为积极参与社会资助的企业和个人带来了更多实质性的利益，能够更加充分汇聚社会资源投入高校资助育人工作中。社会企业可以通过设立勤工助学岗位缓解家庭经济困难学生的经济压力，并提升他们的工作能力，达到资助育人的目标。目前，部分高校校内勤工助学岗位数量有限，且报酬较低，这导致学生在参与过程中缺乏专业能力的提升空间，难以满足家庭经济困难学生的实际需求。为了拓宽社会资助渠道,开辟校外勤工助学岗位成为一个重要途径。然而,目前校外勤工助学的形式相对单一,如家教、发放广告传单、餐馆服务等,且组织上缺乏统一规划,管理上较为随意,这在很大程度上限制了学生专业能力的提升。对于校外勤工助学,高校应建立统一的管理机构,制定详细的规章制度,确保学生的权益得到保障,应积极与企事业单位等社会资源合作,为学生提供更多符合其专业特点的校外勤工助学岗位。

(四)校友资源

校友资助资源是一种宝贵的资助育人资源,对于家庭经济困难学生的资助和学校的发展具有重要意义。各大高校应充分挖掘校友资源,让校友资源发挥资助育人的重要作用。

校友资源主要来源于校友个人捐赠和校友企业捐赠,其中校友个人捐赠是校友资助资源的主要来源之一。优秀毕业生通过捐款、设立奖学金、提供实习机会等方式,为母校的发展贡献自己的力量。除了个人捐赠外,校友企业也是校友资助资源的重要来源。一些校友在创办企业后,愿意为母校提供资金支持,帮助学校改善教学设施、提高教育质量。这些捐赠往往数额较大,对学校的发展具有重要影响。例如,武汉大学收到了校友雷军捐赠的13亿元人民币;河南农业大学收到了校友秦英林捐赠的10亿元人民币。这些捐赠不仅为学校的发展提供了资金支持,帮助了家庭经济困难学生缓解经济压力,还提高了学校的声誉和影响力。

校友资助的最直接方式之一是设立奖学金和助学金,用于资助品学兼优但家庭经济困难的学生。这些奖学金和助学金不仅可以帮助学生解决学费和生活费问题,还能激励学生更加努力学习,争取更好的成绩。如今,一些家庭经济困难学生面临着就业问题,而能否顺利就业又关系到其经济困难的解决与否。校友或校友企业可以为他们提供实习或工作机会,帮助其积累实践经验,提升其就业竞争力。

高校应进一步挖掘校友资源,充分利用校友资源帮助家庭经济困难学生。校友资助资源的利用还可以加强校友之间的联系和感情。通过设立校友奖学金、举办校友联谊活动等方式，让校友们更加关注母校的发展，增进彼此之间的友谊和合作。

二、深化课程改革，探索多维化育人新路

探索资助育人新路，提高资助工作开展过程中的育人实效性，需要从高校教学课程开始，深化不同类型课程改革，将资助育人工作理念多维度渗透至各种课程教学中，助力构建更加具有实效性的资助育人体系。

（一）思政课教学

思政课是落实立德树人根本任务的关键课程。资助育人工作与思政课教学都是为了培养德智体美劳全面发展的社会主义的建设者和接班人，两者同向同行，相互渗透，有利于提升高校思政工作实效性。

第一，思政课可以培养学生树立远大理想信念。思政课要系统讲授马克思主义基本原理和中国特色社会主义理论体系，通过不断深化和丰富社会主义核心价值观的教育，致力于激发大学生对于道德品质的深刻理解和坚实塑造，强调理想信念对于个人成长的重要性，通过具体案例，如受助学生的成长故事，明确个人理想与社会理想的统一，为坚定理想信念提供理论支撑，让学生能够在学习和生活中，将自己的人生梦想融入国家梦想，为实现中华民族的伟大复兴而努力奋斗。

第二，思政课可以培养学生良好精神风貌。在思政课教学中，通过讲述历史人物、革命先烈的奋斗故事，引导学生理解奋斗的意义和价值，培养学生不怕困难、敢于拼搏的奋斗精神。讲述科技创新相关案例，引导学生认识创新对于国家发展与个人成才的重要性，激发学生创新热情，培养创新精神。讲述团队合作的案例，引导学生认识到团结的重要性，让学生学会与他人合作，培养合作精神。

第三，思政课可以培养学生良好道德修养。要不断强化感恩与诚信教育，在思政课中讲授道德修养相关内容时，结合时事热点和社会现象，结合家庭经济困难学生的情况，引导学生思考道德问题，提高道德判断能力，从而培养学生不断提升自我道德修养的向上心态，引导学生坚定成为心怀宽

广、志向高远且具备高尚道德情操的新时代青年的远大理想。

第四，思政课可以增强学生法治素养。在思政课中可以介绍资助工作相关的法律体系、法律原则和法治精神。结合资助育人的实际情况，选取与资助政策、权利义务相关的法律案例进行分析讨论，让学生在实际情境中学习法律知识，不仅要让他们了解法律的重要性，更要让他们学会尊重法律、遵循法律，从而在日常生活中形成自觉守法的行为习惯。这能够帮助他们更好地维护自己的权益，能够为社会营造一个更加和谐的环境。

充分发挥思政课程的主渠道作用，才能奠定学生成长成才的思想根基。思政课通过加强理想信念教育，激发学生的内在潜能以及提高综合素质等，为资助育人工作提供有力的支持和保障。

(二)专业课教学

高校专业课的开设是为了实现一定的培养目标，为学生提供专业性和针对性的课程，通过专业性知识的学习，受资助学生能够更深入地学习所学专业的知识，能够为未来的职业发展做好坚实的准备。

首先，提升自信心。通过专业性知识的学习，受资助学生能够更深入地了解自己所学专业的知识体系、研究方法和应用领域，能够有坚实的基础为未来的职业发展做准备，学习了较强的专业能力，可以提升学生自信心。专业课教师在开展教学活动前对于教学内容的选择和教学目标的设定都要考虑学生的实际情况，既要具备可行性，也要具备挑战性，学生在完成学习目标后才会有良好的学习体验。同时，教师要采用结果性评价与过程性评价相结合，对学生尤其是家庭经济困难学生进行积极的评价与反馈，增强学生的自信心。

其次，增强责任感。在专业课教学中教师应明确学生应完成的学习任务与要求，要在学生学习过程中进行监督，确保学生能够按时按量完成学习任务，帮助学生明确应当承担的责任，培养其责任意识。要注重引导培养学生关注社会问题，要将所教授知识点与社会热点问题相结合进行案例教学，引导学生思考解决问题的办法，引导学生将个人责任与社会责任联系起来，增强自身责任感。

最后，提升自身能力。专业课教师应该注重教学过程中提升学生的专业能力，教师应发挥主观能动性，采用多种教学方法和手段，激发学生的学习兴趣和参与度，引导家庭经济困难学生积极参与课堂教学活动中。例如通过案例分析、实验操作以及社会实践等方式提升学生的专业动手能力，培养学生的批判性思维，引导学生深入思考并分析问题，鼓励学生质疑，提高学生独立解决问题的能力。

(三)实践课教学

纸上得来终觉浅，绝知此事要躬行。实践课是通过实际操作、体验和实践活动来培养学生将知识运用到实践中以及解决问题能力的课程，包括实践教学、实践训练、实践实习、实验课程、实地考察等多种形式。通过各种各样的实践教学，对于学生尤其是家庭经济困难学生而言，能够培养其动手能力、创新思维与团队协作能力，培养其担当心、进取心与社会认同感，更好适应新时代社会发展需要。

首先，增强学生的职业规划意识。在实践课教学中，要注重培养学生的职业规划意识。通过邀请行业专家、企业家进校园举办讲座和面对面交流，让学生深入了解行业的发展趋势、职业需求以及未来的就业市场，帮助他们更好地认识自己所学专业与未来职业发展的关系。除此之外，结合学生的兴趣和特长，引导他们制定个性化的职业规划，明确职业目标和发展方向。

其次，增强学生的团结协作意识。在实践课教学中，团队协作是一个至关重要的环节。高校可以通过组织小组项目、团队竞赛等形式，让学生在实践中学会与他人合作，共同完成任务。通过开展一系列团队项目、创新创业实践等实践课教学，让学生在亲身体验中感受团队合作的力量，在实践中学会与他人合作，加强沟通与协作，培养团队精神。

最后，增强学生的社会适应能力。通过实践课教学，学生得以在社会实践中锻炼和成长，增强他们的社会适应能力。在实践课教学中，高校可以进一步融入社区服务、社会调查等元素，鼓励学生积极参与社区服务项目，如环保活动、关爱老人等，在让他们实践中体验社会责任和奉献精神，增强他们的社会责任感和公民意识。除此之外，积极开展社会调查，让学生深入了解社会现象和问题，培养他们的观察力和分析能力，帮助学生在实践过程中不断提升自身能力，为他们未来成为社会的有用之才打下坚实的基础。

（四）通识课教学

通识课教学是指除专业教育之外的基础教育课程，覆盖了广泛的知识领域，旨在扩展学生的知识视野，同时培养其社会责任感、实践能力与创新精神。通常包括人文素养课程、社会科学课程、自然科学课程、心理健康与人格发展课程等多种类型的课程。通识课程教学作为资助育人工作中的重要一部分，重点服务于培养家庭经济困难学生的全面素质。

首先，提升学生的人文情怀。在通识课教学中，高校可以开设人文类课程，如文学、历史、哲学等，引导学生思考人类文明的演进、人性的探索以及社会的多元性，从而培养学生的人文情怀。引导学生更深刻地理解人类社会的复杂性和多样性，增强对不同文化、不同观念的包容性，形成积极向上的人生观和价值观。

其次，塑造学生的人格魅力。高校可以通过开设心理健康和人格发展课程，帮助学生建立积极的人生态度，提升他们的自我认知能力和情绪管理能力。同时，通过课堂活动，让学生参与到具体情境的讨论中，感受社会的美好与责任，从而塑造出积极向上、有责任感的人格魅力，帮助家庭经济困难学生明确自身发展目标，增强综合素质的培养和健全人格。

最后，提升综合能力。开设跨学科课程，提升学生所学知识的广博性，培养学生的跨学科思维能力，包括系统思维能力、批判性思考能力、沟通与协作能力等，理解不同学科之间的联系和互动。鼓励学生挑战传统观念，提出自己的观点和看法，引导学生进行批判性思考，训练学生口头和书面的表达，让学生能够清晰、准确地表达自己的观点，提升沟通与协作能力。

三、凝练教育主题，开展多样化育人活动

进一步发挥资助工作的“立德树人”的实效性，资助育人要关注学生自身发展需求，将健全学生人格、塑造学生品格、提升学生综合素质作为重要的育人环节，开展多样化育人活动，努力培养德智体美劳全面发展的社会主

义建设者和接班人，实现“解困—育人—成才—回馈”的良性循环。

（一）“助学·筑梦·铸人”主题活动

新时代赋予学生资助工作新的使命，为了贯彻立德树人的中心目标，资助育人逐步从保障型向发展型延伸，秉持以学生为中心的理念，树立励志学生榜样，完善各种资助育人活动。为了充分发挥资助育人的功能，培育学生自立自强的品格，展现新时代大学生的青春奋斗风采，教育部全国学生资助管理中心致力于举办“助学·筑梦·铸人”的主题活动。这一主题活动自举办以来，成为宣传我国资助体系建设和资助育人工作重要平台，同时也为青年学生展现自强不息、奋发向上、砥砺前行的奋斗精神提供了舞台。

习近平总书记在党的十九大报告中提出，要注重扶贫同“扶志”“扶智”相结合。物质上的扶持不能解决根本问题，“扶志”和“扶智”才是关键。首先，为了推动学生的高质量发展，提升受助学生的职业素养和就业竞争力，高校要开展一系列的助学活动，开设多类别的培训课程，并设立实践发展基地，关心关爱学生成长成才。在信息化新时代，资助育人主体可以充分利用信息平台，建立学生与教师、与辅导员、与班主任，以及与朋辈之间的无障碍互联互通平台，帮助学生近距离、全方位解答受助学生的专业迷惑、职业迷茫以及人生迷失。其次，资助育人主体要做好思想教育工作，引领学生志存高远，铸就学生的梦想。帮助受助学生找准奋斗目标，明确学习的目的和意义，用积极的心态迎接人生的挑战，树立自立自强的奋斗精神。要注重发挥好榜样的作用，定期邀请优秀校友回校进行经验分享会，让学生近距离地感受到榜样的力量，同时在分享会后抓住时机，让学生写下感想，开展主题征文活动，将其内化于心。最后，坚持立德树人理念，培养发展型人才。深刻把握新时代立德树人“新要求”，营造人才培养“新生态”，促进学生全面发展。注重对受助学生进行德育、体育、美育和劳育等全方面帮扶，形成以情感人、以文化人、以才塑人、以劳育人、以志达人、以范导人的丰富形式，培养出发展型人才。

总之，在资助工作中永远将育人作为其出发点和落脚点，打造有智慧、有温度、有内涵的资助体系，构建全员、全过程、全方位资助育人格局，提升资助育人的成效。

（二）“诚信校园行”宣传教育活动

高校是大学生思想政治教育主阵地，诚信作为中华民族优秀传统美德，也是高校思想政治教育的重要内容。因此，高校在资助育人过程中，注重加强学生的诚信教育，提高大学生的道德素质，有效促进高校资助育人的良性循环。诚信作为社会主义核心价值观的重要内容，也是学生成人成才的必备品质。因此，教育部在2013年就发布《关于开展高校学生资助诚信教育主题活动的通知》，决定部署各地、各高校自2013年起每年五月份集中开展高校学生资助诚信教育主题活动，并将其作为考核各地各高校资助工作业绩的依据之一。各省已经连续多年开展了大学生“诚信校园行”系列活动，持续加大社会主义核心价值观宣传力度，广泛普及国家资助政策和金融基础知识，深入开展爱国主义、励志感恩和社会责任感教育。

打造“诚信校园行”系列品牌活动，首先就是要广泛、持续、深入宣传金融基础知识和培育诚信理念，培养受助学生自强不息、诚信做人、心怀感恩、勇担责任的优秀品质。各高校要注重营造诚信氛围，利用学校自身的影响力，发起诚信倡议书，在学生身边广泛流传；同时学校可在人流量多的地方设立诚信教育主题展板，展示贷款诚信、学术诚信、就业诚信、考试诚信等多方面的生动案例，让学生了解与自身利益切实相关的诚信知识。其次，学校作为教书育人的场所，要充分发挥好课堂的作用，将诚信教育融入课堂。学校可以设置“诚信必修课”，并相应地设置学分，让学生能主动地参与听课。在“诚信必修课”中主要是推广大学生个人信用的建立及应用，教会学生如何读懂信用报告等，同时也利用信息网络平台，宣传诚实守信事迹，及个人征信系统知识，增强学生诚信观念及法律意识。最后，要充分调动学生参与诚信教育活动的积极性，征集学生的创意，凝聚诚信共识，既进行自我教育，也能有效启发其他学生，提升诚信教育的影响力。提升对大学生群体的吸引力，那就要举办一些特色活动，因此高校要以特色活动为载体，统筹兼顾。例如可以举办“我为诚信代言”微博晒诚信互动，让学生讲述自己践行诚信的经历；在学校建立“诚信便利小站”，在小桌上摆放矿泉水、纸巾、实验报纸等多项生活和学习用品，方便大家取用，取用后再由本人补回所使用物品，或将同等价值的钱放入小站设立的诚信钱包中，让大家积极体验与互动，并可分享自己的感想。

总之，诚信校园行，就是需要各高校将学生资助诚信教育活动融入学生日常的教育管理中，通过深层次、多角度、可持续的系列诚信教育活动，不断提高和巩固学校资助育人工作成效。

（三）“他助到助他”志愿服务活动

提高资助育人的实效性，就要着力于引导受助学生积极感恩，反馈他人与社会，助力于学生成人成才，实现“他助-自助-助人”的路径。因此要积极搭建多元化志愿服务活动，引导学生由受助到自助再到助人的角色转换，培养学生的责任担当。各大高校也纷纷开展各种由“他助”到“助他”的志愿服务活动。

首先，由“他助到助他”，要鼓励学生真正深入实践，尽自己的能力去帮助他人。帮助他人从身边做起，高校可利用各种社团活动，让受助学生在社团活动中积极参与，帮助他人，提升自身的价值感与成就感。其次，大学生作为社会主义的建设者，要积极关爱社会弱势群体，为社会贡献自己的力量。作为人才培育场所，高校在教会学生专业知识的同时，也要教育学生运用自身的专业知识回馈社会。因此，高校可以组织受助学生参与走向基层、扎根社区青少年陪护支教活动，参与敬老爱老志愿服务活动，带领受助学生走出校园，到社会福利机构开展志愿活动，带领家庭经济困难学生到偏远山区小学开展支教服务，深入了解社会弱势群体，并传递社会关爱，增强受助学生的社会责任感，引导受助学生在人生道路上学会感恩，懂得付出。最后，受助学生在接受了国家政策的帮扶后，在毕业后有了能力后，也要注重回馈社会，积极参与公益实践活动，并利用自己的专业知识为社会发展贡献自己的力量。家庭经济困难学生在学校首先接受的就是学校的物质帮扶，因此在毕业后可以鼓励毕业大学生自愿捐赠建立“自强基金”，这一基金后期可用于奖励优秀受助学生，这一行动既为受助学生设立了榜样模范，又为受助学生解决了问题；同时毕业生还可以多利用自己的时间用于公益活动，力所能及地帮助他人。

总之，开展“他助到助人”的志愿服务活动，有利于推动资助工作从“输血型”向“造血型”转变，将党和国家的温暖传递给更多的人，这也是我国高校资助育人的目标所在。

四、借力网络媒体，搭建多态化育人平台

随着网络的不断发展，信息无处不在、无所不及、无人不用，导致舆论生态、信息内容、传播方式、传播速度发生了深刻变化，如何掌握发言权、用好信息资源、用学生无法拒绝的方式开展资助育人工作是资助工作面临的新挑战、新机遇。高校资助工作需因势而谋、应势而动、顺势而为，充分利用网络媒体强大的传播力、引导力、影响力，提升资助育人实效，助力学生成长成才。

（一）凝聚网络育人合力

全面落实国家资助政策，需要发挥宣传的重要作用，加强宣传效果要讲好资助故事、传播资助好声音，充分发挥资助宣传的价值引领、激励教育功能。

资助宣传工作划分成资助政策解析、资助项目宣传等实体类宣传工作，以及诚信教育、感恩教育、心理健康教育、典型事迹宣传等意识形态方面的宣传工作。对于实体类宣传工作，借助微博、微信等网络媒体进行宣传，构建资助宣传整体平台，使全体教师及学生深入了解到最新的资助讯息、关注资助工作的动态发展，并及时将资助情况反馈给宣传部门，形成高校、受资助学生、提供资助者、教职人员的有机互动机制。具体来说要把握好宣传的关键时期，在招生、入学、毕业等时间节点，开设“资助政策解读”公众号专栏，录制相关宣传片并在朋友圈、公众号平台、微博以及各大App推送，开展“资助政策及诚信教育”宣传月活动，多平台、多渠道、多形式宣传介绍新生“绿色通道”、国家助学贷款、国家奖助学金等多项资助政策，为学生答疑解惑。要注重实时跟进，微信公众号及时更新各项国家助学金、国家助学贷款等工作进度，实现各项资助政策信息送达零时距、精准化。持续推出“学院

风采”系列栏目，实时反馈院校资助政策宣传与活动开展情况，确保政策宣传全覆盖。对于意识形态方面的宣传工作，在宣传实践中，各类媒体应始终坚持正确的舆论导向，做好学校学生资助突发事件舆情应对工作，增强学生资助舆论引导工作的主动性、针对性、及时性、有效性，发挥社会舆论的传播力、引领力、影响力，对新时代奋斗精神培育要进一步加大宣传力度，拓宽宣传渠道，提升宣传信息质量，营造人人参与的浓厚社会氛围。除此之外,还可以在新媒体平台上打造多元化的互动宣传环境，如通过直播、短视频、线上座谈会等形式，让资助政策的制定者、实施者以及受助者参与其中，分享真实案例和心得体会，从而使宣传内容更加鲜活、更具感染力。

（二）提升网络育人实效

高校资助育人工作应充分认识到网络工具的重要性，借助丰富的网络工具，为学生提供更贴近其需求的思想政治教育内容。高校资助育人工作，要具有开放发展的理念，主动解放思想，拓展思路，不断丰富育人内容，创新育人载体，全面提升资助育人的质量。

一是要更新开发网络育人新内容，突出思想价值引领。通过开设微信推送、公众号专栏、微课堂学习等方式，深入开展“助学”“筑梦”“铸人”主题教育及“诚信”“友善”“感恩”主题教育。把社会主义核心价值观融入资助信息管理平台、网络化课程等资助育人各个环节。积极引入家庭经济困难学生密切关注的热点问题及议题，创作高质量的融媒体产品，如北京大学就利用学校的微信公众号平台，敏锐发掘影视题材《觉醒年代》传播亮点，结合北大厚重的红色校史资源，与剧组开展长线合作，打造了一批现象级传播力作，给年轻人上了一堂入脑入心的“大思政课”。

二是要形成网络育人新生态，突出文化资源融合。统筹推进校内各级各类网络与新媒体平台建设，积极参与全国资助管理中心、“易班”、中国大学生在线、全国高校思政网、全国高校校园网站联盟建设，推动资源融合、平台共建与内容共享，着力构建网络宣传思想工作高地。举办“诚信校园行”资助知识大赛“助学、筑梦、铸人”短视频征集比赛等网络文化精品活动，培育和弘扬积极健康、向上向善的资助育人网络文化。打造“立德树人”主题教育，策划“立德树人”系列主题活动，通过多渠道、多形式的宣传和教育，提升学生的思想道德水平。通过融媒体讲述党史中的资助故事，以“党史中的学生资助”系列，深入挖掘并讲述周恩来、邓小平等伟人勤工俭学、艰苦求学的故事，以及党史中资助育人的感人瞬间，让学生在了解历史的同时，感受到资助政策的重要性和温暖等。

三是要构建网络育人新空间，注重方式创新，推行“一张网”大数据决策分析，及时掌握学生学习与生活数据，实现学生在校情况统计、家庭经济困难状况认定、课程学习预警、人际关系图谱分类、学生多维画像等大数据决策分析。研发大学生学习生活服务App及“泛课”“微助教”“云课堂”等网络育人创新平台，系统构建“人人皆学、处处能学、时时可学”的泛在学习空间。为提升资助育人质量，高校要创新思路，积极拓展资助育人实践平台，例如通过深入开展“资助政策乡村行”活动，通过校、院两级微信公众号、视频号平台推出“资助乡村行”专栏，对各学院各社团的入户调研、志愿活动实施跟踪报道，引导学生进社会，下基层，了解国情，增强社会责任感和使命感。

第三节 优化资助育人过程，提升工作效度

优化资助育人过程，提升工作效度，是确保家庭经济困难学生得到全面、有效资助，并培养其自立自强、感恩社会的重要任务。优化资助育人过程需推进过程规范性管理，使育人工作有迹可循、有规可依。新时代对高校学生资助赋予了新使命、提出了新要求，迫切要求推进学生资助治理现代化，在准确把握高校学生资助治理现代化科学内涵的基础上，通过健全多元共治的学生资助治理体系，坚持以信息化赋能学生资助，树立以人为本的学生资助治理理念，优化高校学生资助制度设计，构建学生资助评估督导机制，实现高校资助育人高质量发展。

一、规范化管理，实现可持续推进

为落实资助育人根本任务，推进高校资助育人工作更有温度、更有智慧、更有内涵，全力建设“发展型”资助育人体系，需从资助育人制度、机构职能、工作流程着手对资助育人过程进行规范性管理，确保资助育人工作的长

期稳定运行,实现可持续发展。

(一)完善健全资助育人制度

高校资助育人高质量发展是一项系统的工程,关系到教育公平、社会稳定、人民福祉等诸多方面,需要一整套与之相匹配的制度合力运作。有效的制度建设助推资助育人工作更加规范、管理更加高效。资助育人制度包括资助育人运行制度、监督制度、评价制度等内容。

首先,优化资助育人运行制度。育人作为学生资助工作的核心与目标指南,其运行制度建设的完善显得尤为重要。针对运行制度的完善,有如下三个方面的要求:一是促进资助认定精准与动态管理。建立健全家庭经济困难学生的精准认定机制,综合运用多种手段确保认定的准确性和公正性。同时,实施动态管理,定期更新家庭经济困难学生档案,及时调整资助对象和资助标准。二是资助标准与育人相融合。根据家庭经济困难程度和学生实际需求,制定科学合理的资助标准,确保资助的针对性和有效性。同时,将资助与育人紧密结合,通过奖学金、助学金、勤工助学等形式,不仅提供经济支持,还注重培养学生的奋斗精神、感恩意识和综合素质。三是构建科学可行的操作框架。高校需系统梳理现有的资助育人管理制度和实施办法,确保这些制度既符合政策导向,又具备实际操作性。通过增加引导、激励、惩罚和规范等要素,可及时发现并填补资助育人制度中的空白和漏洞,确保各项政策得以有效执行。

其次,建立资助育人监督制度。为提升资助育人工作的规范性,应当针对高校家庭经济困难学生的资助过程,构建一个全面、细致的监督制度,具体涵盖以下三个方面:一是强化对资助育人过程及其效果的监督。这要求高校建立一套系统化、科学化的监督机制,确保资助工作的各个环节都能得到常态化的监督管理。同时,制定详细的监督管理办法或资助指南,为资助育人工作提供明确的指导和参照。二是对于家庭经济困难学生资助资金的使用情况,应实施严格的监督。这一措施旨在确保资助资金真正用于学生的基本学习、生活需求,防止其被用于奢侈消费或非法用途。对于违规使用受助金的学生,学校应依据相关规定进行严肃处理,包括但不限于给予警告、追回部分或全部受助资金，甚至取消其受助资格。三是对资助育人经费和分配资源的监督。高校应完善资源分配管理机制，确保资金分配的公平、合理和有效，建立责任追究制度，对资金分配过程中的违规行为进行严肃处理。

最后，制定资助育人效果评价制度。效果评价是育人质量的标尺，具有激励与反馈的功能，有助于破解资助育人实践中的发展难题。在制定资助育人效果评价制度时，应当从以下几个方面进行考量：一是构建效果评价内容体系。应当根据资助育人的目标，设计一套包含资金资助效果、成绩改善、能力提升、综合素质优化等多方面的效果评价体系，使效果评价更具针对性。二是构建方式评价方式体系。针对资助育人效果评价应当采用合适的评价方式，在进行效果评价时可采用定量与定性相结合的评价方法，如数据统计分析、问卷调查、访谈、案例分析等，以全面、客观地评估资助育人的实际效果。同时，将工作过程评价和工作结果评估相结合，以全面评估资助育人工作的整体状况。三是构建评价效果反馈与改进体系。效果评价不仅可以对已有成果进行衡量，同时，可为未来资助育人发展方向提供有力指导，确保持续优化和进步。高校可通过报告、会议、座谈会等形式，将效果评价结果对学生与资助育人机构进行反馈。同时，针对评价结果中反映的问题和不足，制定具体的改进措施和方案，进行改进。

（二）优化资助育人机构职能

资助育人是一项大型工程，学校是主要责任主体，但同时也需要各方面的支持与配合。高校要围绕资助育人，主动和相关部门机构取得联系，优化资源配置，为资助育人建设良好的结构体。目前我国已经建立起中央、省、市、县、校五级学生资助管理机构，为学生资助工作的全方位顺利实施提供了坚强的组织保障。资助管理机构在管理资助的同时要注重发挥育人的职能，因此，要不断优化资助育人机构职能，不断提高资助育人过程管理的规范化。

统筹优化资助育人机构职能配置，需保证中央到高校资助育人管理运行流畅，机构职能优化必须立足于所有高校家庭经济困难学生，整合各方力量、有效资源和相关部门的职能配置。优化资助育人机构职能要做到责任分担、相互协同，通过构建责权清晰、分工明确的体制机制，使得省、市、县、学校等资助育人机构能够利用自身的资源优势，依法依规承担相应责任和行使权力。资助育人要实现教育的多方聚力，发挥各个育人机构的职能，让育人效果得到最大化体现，帮助育人目标的切实落实。

资助育人机构职能包括完善相关政策、加强宣传教育、强化资助申请与审核管理、强化责任监督等。优化资助育人职能可从机构本身出发。首先，省、市级机构要发挥自身领导、监督作用，认真贯彻落实党和国家资助育人政策和制度，引领下级机构将育人观念贯穿至整个资助过程，监督其将工作落实到位。其次，县级机构要履行沟通传达职能，起到承上启下的作用，将政策宣传落实到村、到户、到人，并联合有关财政部门、教育部门进行数据统计、管理，帮助资助育人工作提质增效。最后，高校在进行资助育人工作时要加大与省、市、县各级职能部门的合作力度，通过上级机构的权威力量，监督高校资助育人的成效，为资助育人提供政策指导，同时主动汇报资助育人以及其他教育事业的成果，实现教育信息与政府的共享。

（三）规范资助育人工作流程

为确保高校资助育人的相关管理活动顺利开展，需明确和规范工作流程。高校规范资助育人工作流程对保障教育公平、提高学生生活满意度、促进学生全面发展、提升高校形象、增强资助工作的透明度、提高工作效率以及促进教育事业可持续发展等方面都具有重要意义。资助育人工作流程在内容上包含政策宣传、困难认定、资助申请与管理、资金发放、育人成才、监督反馈等各方面，在对学生进行资助管理过程中，要注意每个工作环节的规范，促使资助育人工作高质量完成，提升育人实效。规范资助育人工作流程应涵盖以下三个方面：

首先，规范资助育人工作流程法治化。推动资助育人法治化建设，加快立法实践过程，推动制定学生资助专门法规，实现资助育人工作有法可依。一是要把法治思想渗透到资助制度中，对相关主体的权责做出准确界定，对资助育人工作的开展进行指导。二是要把法治思想体现在资助程序中，增强高校资助的法治化，让督导、问责等充分体现出法治化。在资助育人流程中，相关人员不得触碰法律的底线。高校资助工作的具体程序应有相关的法规进行刚性约束，既通过法律规范资助流程的合法性，又通过法律有效保障受助人的合法权益，确保知情权与隐私权矛盾的化解。

其次，规范资助育人工作流程信息化。规范资助育人流程的信息化是提升资助工作效率、确保资助公平公正以及优化学生服务体验的重要措施。资助育人工作流程信息化可从以下三个方面进行：一是构建信息化平台。资助工作流程要整合包括学生家庭经济情况在内的各类资助信息，实现信息的集中管理，方便进行查询和分析。二是打造信息化资助流程。信息化平台应支撑资助申请、审核、发放、监测等全流程的运用，支持线上申请、线下审核，实现资助工作的数字化、网络化、信息化。此外，高校可利用信息化平台对家庭经济困难学生的资助资金进行跟踪监测，确保其使用得当。三是加强资助信息安全保障。要建立完善的信息安全管理制度，明确信息安全责任、保密义务和违规处理措施，采用加密技术等安全技术手段，确保学生资助信息的安全性和保密性。

最后，规范资助育人工作流程公开化。资助育人流程公开化的意义在于确保资助工作公正透明，增强社会监督，保障家庭经济困难学生的受助权益，提升资助的公平性和公信力。可从以下三个方面进行公开规范：一是资助政策与标准的公开，明确并公开资助的政策、标准、对象和条件，确保公众对资助工作有清晰的认识，减少误解和疑虑。二是申请与评审流程的公开，公开资助申请的流程、评审标准和评审结果，让学生和家长了解整个申请过程，确保评审的公正性和透明度。三是资助资金使用的公开，公开资助资金的使用情况，包括资金的分配、发放和使用效果等，让社会监督资金的使用是否合理、有效，保障受助学生的权益。

二、全链条跟踪，实现全过程覆盖

近年来，随着教育改革的不断深入，高校资助育人工作在提升教育公平、促进学生全面发展等方面发挥着越来越重要的作用。现代资助工作必须实行全链条跟踪，实现全过程覆盖的策略，优化资助育人过程，提升资助工作的实际效度，从而更好地促进学生的学业成就和个人成长。高校应继续深化这一策略,完善相关工作机制,进一步扩大资助育人工作的成效,为培养更多社会需要的高素质人才提供坚实的支撑。

(一)将资助育人工作贯穿学生求学全过程

高校资助育人工作,作为保障教育公平的关键手段,其策略和实施效果直接关系到经济困难学生的成长质量和未来发展。资助教育的理论本质在于通过合理配置经济和教育资源,实现教育的均等化,减少社会不平等。布尔迪厄的社会资本理论认为,教育机会的均等化有助于缩小社会群体间的资本差异,进而促进社会的整体和谐发展。高校资助育人工作通过评估经济困难学生的具体需要以及提供个体化的发展支持,帮助他们构建起学业成功和社会融入的桥梁。

第一,在入学前,高校应开展预入学家庭经济状况调查,结合定量数据分析与定性访谈,构建起全面的学生家庭经济背景数据库。这样的信息收集工作的广度与深度对于资助的精准性和个体化资助计划的制定极为关键。基于这些综合性数据的分析结果,高校可以通过校园内外的官方平台发布更为针对性的资助政策。这些政策是以数据驱动和需求导向为基础的,因此能更准确地匹配到实际需求者,提高资助效果。同时,通过有效的沟通渠道确保这些信息能够及时、广泛地传达至所有潜在的受助对象和利益相关者。这种系统化、动态化的信息发布机制不仅提高了政策的透明度和公众的信任度,还能加强资助工作的精确性和及时性。入学前阶段的经济背景数据收集和分析是提高高等教育资助工作效率和公平性的重要基础。通过精细操作,高校能够为即将入学的学生提供更加科学、公正的经济支援,既确保了资助资源的合理配置,也促进了高等教育公平的实现。

第二,进入学校后,高校需要设立专门的资助服务窗口,简化资助申请程序,确保家庭经济困难学生能迅速获得必要的经济帮助。专门的资助服务窗口不仅有助于整合校内资助资源,更能提供一站式服务,简化资助申请的程序,缩短申请审批时间,从而确保援助能够及时到位。在简化申请程序的同时,针对遭遇特殊困难的学生,高校应当实施“绿色通道”政策,快速处理因突发事件如家庭意外、自然灾害等引起的经济困难。通过“绿色通道”,

学校能在第一时间内为特殊情况的学生提供经济援助,确保这部分学生的基本生活与学习不受影响。高校应当积极举办资助政策说明会及新生适应性培训,这对于新生了解并熟悉学校的资助体系及相关政策具有重要意义。资助政策说明会能够帮助学生准确理解资助的申请条件、程序及其所涵盖的具体支持内容,从而充分利用校方提供的各类资源。通过新生适应性培训,不仅可以让学生快速适应大学生活的多样性和挑战性,也可以通过专题讲座、研讨会等形式,增强其自我管理能力和应对复杂情境的能力。

第三,在校期间,随着学生的个人和学业需求的不断变化,高校在提供学生资助服务时需要具备较高的灵活性和适应性。为了更有效地应对这一挑战,高校应当借助信息化手段,采取动态跟踪管理策略,实时了解并分析学生的需求变化。通过构建一个集数据采集、处理与分析功能为一体的学生支持系统,高校能够定期评估学生的经济状况、学业表现和个人发展需求,根据这些数据及时调整和优化资助计划。高校应建立一个包括校内外多种资源的综合资助生态系统,形成多方参与的社会支持网络。高校要认识到学生在学习期间的资助不应仅限于经济援助,而应拓展到心理、学业以及职业规划等领域,助力学生克服各种障碍,促进其个人成长和职业发展。

第四,高校应为即将毕业的学生提供职业导向培训与实习机会,尤其是为家庭经济困难的学生打造"桥接职场"项目,帮助他们平滑地过渡到职场环境。毕业后,高校的支持不应随着学生离校而终止,而需要延续并加强与毕业生的联系。这种持续的支持主要表现在提供职业发展辅导,高校可以通过定期组织职业发展研讨会、在线课程、持续教育项目等方式,帮助毕业生适应不断变化的职场需求及技能发展。此外,建立校友网络是高校支持毕业生职业和学习发展的重要平台。通过校友网络,毕业生不仅可以保持与母校的紧密联系,还能与其他校友进行经验交流,资源共享,甚至是提供就业机会。这种网络的建立可为毕业生构建一个长期有效的职业与学习支持系统。校友网络还可以作为高校反馈机制的一个重要渠道,通过毕业生回馈,高校可以不断调整教育内容和方法,提升教育质量与服务。在这样的全面且持续的支持下,毕业生能更好地发展职业生涯,实现个人价值,同时也带动社会整体的人才培养和资源优化配置。

(二)将全面育人要求融入资助工作各环节

高校作为人才培养的重要基地,不仅承担传授知识的任务,还肩负着培养学生综合素质和社会责任感的使命。针对家庭经济困难学生,高校资助工作是保障其顺利完成学业的关键,更是对其全面发展进行有效支持的重要途径。在新时代背景下,“全面育人”的理念应全面落实到高校的资助工作中,构建一个符合时代需求的资助育人体系。全面育人理念的融入,要求高校在资助工作中不仅仅局限于物质帮扶层面,更要关注家庭经济困难学生的全面发展,包括心理健康、创新能力、社会责任感等多方面。因此,高校应当在资助工作的各个环节中,贯穿全面育人的理念,确保资助工作与学生全面发展的目标相契合。

一是在奖学金评选发放环节,全面考察学生的学习成绩、创新发展、社会实践及道德品质等方面的综合表现,培养学生奋斗精神和感恩意识。奖学金不仅是对学生学业成绩的认可,更是对他们全面发展、综合素质提升的激励。高校在奖学金评选和发放时,应综合考量学生的创新能力、团队协作能力、社会责任意识等因素,以全面培养学生的综合素质为目标。通过评选奖学金的过程,引导家庭经济困难学生树立正确的价值观,激发其内在的奋斗精神和感恩意识,培养其成为具有社会责任感、创新精神和实践能力的优秀人才。

二是在国家助学金申请发放环节,深入开展励志教育和感恩教育,培养学生爱党爱国爱社会主义意识。高校应紧密结合国家助学金的申请发放工作,开展形式多样的励志教育和感恩教育活动,如组织演讲比赛、征文比赛等,让家庭经济困难学生在参与中感受党的关怀和国家的温暖,增强他们的爱党爱国爱社会主义意识。

三是在国家助学贷款办理环节中,深入开展诚信教育和金融常识教育,培养学生法律意识、风险防范意识和契约精神。一方面,高校应当设立专门的助学贷款咨询服务窗口,为学生提供详尽的贷款政策解读和申请流程指导。同时,通过举办专题讲座、发放宣传资料等形式,普及金融知识,帮助学生了解贷款的风险与责任,树立正确的借贷观念。另一方面,高校还应当通过开设法律基础课程、举办金融安全知识竞赛等活动，让学生了解相关法律法规和金融常识，提高自我保护能力。

四是在勤工助学活动开展环节，着力培养学生自强不息、创新创业的进取精神。一方面，高校应提供多样化的勤工助学岗位，以满足不同学生的兴趣和需求。另一方面，高校应加强对勤工助学学生的培训和管理，不仅要传授工作技能，还要强调工作纪律、职业道德和团队协作等方面的内容，帮助学生树立正确的职业观和人生观。除此之外，高校还应关注勤工助学学生的心理健康和成长需求，加强对勤工助学学生的心理辅导和关怀，帮助他们建立自信、克服困难。

五是在基层就业、应征入伍学费补偿贷款代偿等工作环节中，培育学生树立正确的成才观和就业观。对于基层就业和应征入伍的学生，高校应着重强调其对社会、对国家的责任和贡献，以及这些选择对个人成长的重要性。高校应当为这些学生提供必要的政策支持和帮助。在学费补偿、贷款代偿等方面，确保政策落实到位，让学生能够无后顾之忧地投入基层工作或军队建设中。此外，高校还应加强与用人单位、军队等机构的联系和合作，为基层就业和应征入伍的学生提供更多的实践机会和发展空间。

将全面育人理念融入新时代高校资助工作是一个系统工程，需要高校、政府、社会各界及学生本人共同努力，通过持续的改进和创新，形成一种多方参与、互利共赢的教育模式。这不仅能够有效解决学生的实际困难，更能在此过程中培养学生的综合素质，为社会培养出更多具有社会责任感和创新能力的优秀人才。

三、创新性推动，实现高质量提升

新时代对高校资助育人工作提出了新要求，高校资助育人工作不仅需要确保基本的保障措施得到妥善落实，还需要坚持高标准的引领作用，以提升工作质量。

（一）注重更新观念

新形势下更新高校资助育人观念，对于确保高校坚持社会主义办学方向，培养德智体美劳全面发展的社会主义建设者和接班人，具有重大而深远的意义。新形势下部分高校在开展资助工作时仍然存在重资助轻育人、重结果轻过程等观念偏差，严重影响着高校资助育人工作的高质量发展。更新高校资助育人观念，要坚持正确政治方向，坚持“扶困”“扶智”“扶志”、过程与结果相统一的观念。

首先，转变重资助、轻育人的观念，树立“扶困”“扶智”“扶志”相统一的观念。以全面发展为核心，注重教育质量和实质公平，致力于构建公平而有质量的新教育理念，是新时代教育公平的核心价值。发展型资助聚焦于受助学生的全面发展，以满足学生的基本要求向满足学生的发展需求拓展，为家庭经济困难学生的学业、心理和职业选择提供更多支持，其目的就是弥补经济发展不均衡对教育资源分配的不利影响，进而最大程度地保障教育公平。高校在开展资助育人工作时往往会强调资助，而忽略了育人。对于高校家庭经济困难学生而言，经济困难往往伴随着思想、精神、心理和能力等方面的困难。因此，高校必须转变资助育人观念，树立“扶困”“扶智”“扶志”的观念，以思想政治教育为基石，以发展的视角来培育学生。在提供物质援助的同时，也要引导学生树立坚定的理想信念，以积极的心态面对暂时的经济困难。第一，资助工作的核心是育人。那种认为只要满足了学生的经济需求就算完成了资助工作的观念是错误的。高校资助工作应随时代发展，调整其重点，突出育人方向，以促进学生的全面发展。第二，资助的最终目标是助力学生成才。高校要坚持资助育人工作的终极目标是促进学生的成长与成才。无论是解决学生的经济困难，还是缓解他们的精神压力，都是为了实现这一目标。只有明确了这一目标，并从培养学生成才的角度去理解和实施高校的资助育人工作，才能充分提高资助育人工作的实效性。

其次，转变重结果、轻过程，树立过程与结果相统一的观念。高校资助育人是一项长期的、复杂的、系统性的工程，从物质帮扶到学生全面发展，不仅涉及各类资助的发放，更涵盖了学生思想引领、能力提升、职业规划等多个方面，最终目的是实现家庭经济困难学生的全面发展，培养社会主义建设者和接班人。新时代高校资助育人工作不仅要关注资助结果的实现，更要重视资助过程的价值。资助过程不仅是对学生经济困难的直接帮助，对学生全面成长和发展也具有重要影响。因此,高校要更新资助育人观念,要认识到仅从经济上帮助家庭经济困难学生的传统资助方式并不能从根本上解决育人问题。对于家庭经济困难学生来说,精神引导与物质帮扶同样重要,在重视资助结果的同时,要加强对资助过程的重视,使学生在受资助过程中,真切地感受到国家、社会和高校的关爱,培养学生立志成才、回报社会的意识,使育人工作贯穿于资助工作全过程。一是在重视资助结果的同时加强资助过程的针对性和实效性。高校应根据家庭经济困难学生的实际情况,制定个性化的资助方案,确保各类资助能够真正用于解决学生的实际问题。二是在重视资助结果的同时加强资助过程的互动性和参与性。高校应鼓励家庭经济困难学生积极参与各类资助活动,让他们在活动中感受到来自国家、社会、学校的温暖和关怀。同时,加强与家庭经济困难学生的互动交流,了解他们的实际需求和想法,及时调整和完善资助育人工作,确保资助育人工作更加贴近学生的实际需求。三是在重视资助结果的同时加强资助过程的长期性和持续性。高校资助育人工作不是一朝一夕的事情,需要长期的努力和坚持。因此,高校要建立长效的资助育人机制,注重对家庭经济困难学生成长过程的长期跟踪和关注,及时为他们提供必要的帮助和支持,确保他们能够顺利成长成才。

(二)强化创新赋能

为适应高质量发展的新时代要求,高校资助育人应以济困为基础,以强志为支撑,以赋能为核心,以马克思主义关于人的全面发展理论为指导,多元化、系统化、结构化地构建以物质保障为基础、以思想激励为内核、以心理疏导为要点、以素质能力提升为目标的“资助+”新型资助育人模式,适应时代发展,守正创新,助力学生成长成才。

一是打造“资助+物质保障”资助育人模式,不断夯实物质生活资助。空谈资助育人没有物质支撑是不可能的,因此物质资助必须保持“超越性”,实现实践价值和意义价值的有机结合。这就要求高校物质资助既要突出教育功能,又要加强资助过程的管理,真正做到高校资助育人的高质量发展。

二是打造“资助+思想引领”资助育人模式,不断强化思想道德引领。资助只是过程,育人才是目标和任务,高校要始终坚持立德树人根本任务,引导学生将个人价值和社会价值结合起来,将个人发展与国家、民族的命运联系起来。除此之外,高校要时刻关注资助带来的经济影响,及时发现并引导学生避免因金钱诱惑而产生行为上的偏差,造成道德上的迷失,在开展资助育人过程中,要时刻落实和贯彻道德教育和培养,锤炼学生的道德品质,促进资助育人工作的有效开展。

三是打造"资助+心理辅导"资助育人模式,做好心理健康支持。心理健康问题是当代大学生健康成长中不容忽视的问题之一。高校要重视心理健康教育,加大资金投入,完善网络心理健康教育,提高辅导员心理辅导能力,利用心理健康教育课程和心理咨询、团体辅导、个体引导、危机干预、宣传教育、"暖心"工程等心理健康教育与实践活动让家庭经济困难学生了解个性特征及心理发展规律,掌握调适心理问题与消除心理障碍的方法,学会主动改变自我的不良认知,特别是对经济困难、对自我、对社会的不合理认知,提高情绪管理能力,提高耐挫力和舒缓压力的能力,引导家庭经济困难学生敢于挑战自我,战胜自卑,鼓励家庭经济困难学生增强自我效能感,投入人际交往,提高心理素质,培养健全人格。

四是打造"资助+能力提升"资助育人模式,聚焦素质能力提升。素质是影响和支持大学生未来发展的重要因素。高校要加强家庭经济困难学生的就业能力开发,引导其了解自我个性特征和社会职业要求,树立正确的就业观念,制定合理的职业目标,正确规划职业发展路径,提升综合素质,提高求职技巧。加强家庭经济困难学生交际能力开发,引导其树立正确的自我意识,积极主动参加社团和校园文化活动,扩大交际范围,改善交际心理,掌握交际技巧。加强家庭经济困难学生生存能力的开发,鼓励其积极参与社会实践活动,广泛涉猎各科知识,注重理性思维和感性品质的提升,注重独立思考能力、时间管理能力、合作竞争能力、社会交往能力、创新创业能力的培养和开发。

(三)推进提质增效

新时代高校资助育人工作高质量发展是高校资助育人活力的生命所

系、价值所系，是高校“时代新人铸魂工程”的内在要求。在高质量发展的整体趋势下，提质增效是高校资助育人工作发展的现实要求。新时代高校资助育人要紧跟时代步伐，不断创新高校资助育人品牌特色，总结资助育人工作经验，探索资助育人规律，推动高校资助育人提质增效。

首先，创新工作项目品牌特色，推进提质增效龙头带动。高校要在资助育人工作的全过程着力打造育人品牌特色，借鉴教育部推出的资助典型案例，将其丰富经验与成果应用到资助育人实践中。高校要始终将品牌特色创建贯穿于资助育人全过程。一是在奖学金评选发放环节，打造榜样育人品牌，以模范的力量引领学生争先创优、不断奋进。例如，全国学生资助管理中心先后组织开展了全国资助育人宣传评选表彰活动、高校学生“诚信教育”活动、“国家资助·助我飞翔”全国优秀励志典型评选活动、“助学·筑梦·铸人”主题征文活动等，形成了一批学生资助典型个人，实现了弘扬主旋律、传播正能量的效果。二是在国家助学金申请和发放的过程中，积极塑造感恩与励志的教育品牌，以此引导学生学会承担责任并心怀感激。三是在办理国家助学贷款时，着力构建诚信教育的品牌，从而培育学生的诚实守信品质。此外，在勤工助学方面，高校应当致力于创造勤工助学文化和劳动教育品牌，以增强学生的劳动观念和自立自强的精神。通过一系列的教育品牌特色创建，推进高校资助育人工作提质增效，发挥龙头带动作用。

其次，总结资助育人工作经验，探索资助育人规律。高校应当始终坚持把“立德树人”根本任务和“人人成才”教育目标融入资助育人全过程，帮助学生成长成才。不断总结资助育人经验，探索资助育人规律，推进高校资助育人工作常态化、制度化和长效化。高校资助育人在高等教育改革发展中实现了飞跃式发展，同时也积累了大量经验，为进一步深化资助育人研究和实践提供了借鉴。一是强调权利与义务的一致性，在保障权利的同时也不忽视义务的履行。高校在开展资助育人工作时，已从过去的“单纯接受资助”模式转变为“权利与义务相均衡”的模式。二是坚持“扶困”与“扶智”“扶志”并重，旨在解决实际问题的同时，也注重学生的品德培养。高校资助育人工作始终以立德树人为核心任务，在确保家庭经济困难学生得到资助的基础上，更加注重培育他们的感恩之心和诚实守信的品质。三是倡导多方协同推进,高校应坚持实施资助育人的制度化、人性化资助政策以及完善的资助育人工作体系,形成具有中国特色的资助育人方案。

习近平总书记指出:“要坚持把高质量发展作为各级各类教育的生命线,加快建设高质量教育体系。”[①]高质量资助育人是高质量高等教育体系的重要组成部分,必须坚持把高质量发展作为新时代硬道理,加快推进高校资助育人工作高质量发展,不断创新资助育人方法、拓宽资助育人渠道、优化资助育人过程,提升高校资助育人工作的精度、广度与效度,确保“不让一个学生因家庭经济困难而失学”,促进家庭经济困难学生综合素质全面提升、高质量就业乃至未来可持续发展,努力交出一份人民满意的民生答卷。

---

① 习近平.习近平在中共中央政治局第五次集体学习时强调 加快建设教育强国 为中华民族伟大复兴提供有力支撑[N].人民日报,2023-05-30.

附录 调查问卷

亲爱的同学：

你好！为进一步了解高校家庭经济困难学生的基本情况，深入开展资助教育，全面开展服务，特在各位同学中开展问卷调查，请根据你的实际情况作答，作答内容我们将严格保密，非常感谢你抽空完成这份调查问卷！

1.你的性别（　　）

A.男

B.女

2.你来自（　　）

A.农村

B.城镇

3.你是哪个年级学生？（　　）

A.一年级

B.二年级

C.三年级

D.四年级

4.你的家庭月收入（　　）

A.2000元以下

B.2000—4000元

C.4000—6000元

D.6000元以上

E.其他实际数额__________元

5.你每月生活费（　　）

A.600元以下

B.600—800元

C.800—1000元

D.1000元以上

E.其他金额__________元

6.(单选)你每月的生活费几成用于基本生活(吃饭等于基本消费)(　　)

A.80%以上

B.60%—80%

C.40%—60%

7.(单选)家庭经济收入承受你大学费用的能力(　　)

A.完全没问题

B.勉强没问题

C.有点吃力

D.相当吃力

E.完全无法承受

8.(单选)你读大学的费用希望获得家庭以外的资助吗?(　　)

A.需要

B.不需要

C.无所谓

9.(多选)因为家庭经济的原因你感到过自卑吗?(　　)

A.从来没有

B.偶尔有一点

C.经常会出现这种情况

D.我一直被自卑心理困扰

E.其他

10.(多选)你赞成以下哪些观点?(　　)

A.有钱就能解决一切

B.家庭经济情况决定幸福指数

C.眼前的家庭经济困难并不等于今后经济也困难

D.暂时的家庭经济困难磨炼了我的意志,有利于个人成才,这是宝贵的财富

E.家庭经济困难阻碍了个人的发展和成才

F.暂时的家庭经济困难需要社会的帮助和引导

11.(多选)家庭经济上的困难给你带来了以下哪些方面的影响?(　　)

A.没有任何影响

B.思想上困惑

C.生活上紧张

D.心理上困扰

E.能力上受挫

F.学习上有压力

G.其他＿＿＿＿＿＿＿＿

12.(多选)你进入大学继续深造的目的是(　　)

A.为了更好地完善自己

B.为了找到一份好工作

C.为了更好地回馈社会

D.帮助家庭摆脱经济上的困难

E.为了今后自己经济不困难

13.(多选)你认为,进入大学后你比较缺乏以下哪些方面的能力?(　　)

A.专业能力

B.学习能力

C.就业能力

D.交际能力

E.生存能力

F.其他＿＿＿＿＿＿＿＿

14.(单选)你关注国内外时事吗?(　　)

A.经常

B.偶尔

C.很少

15.(单选)你认为目前的资助体系能否解决家庭经济困难学生的基本困难?(　　)

A.完全能

B.基本能

C.不能

16.(多选)你还希望学校、学院、社会进一步提供什么帮助?(　　)

A.各类奖学金

B.助学贷款

C.勤工助学

D.生活补助

E.减免学费

F.思想引导

G.心理指导

H.学习指导

I.就业指导

J.其他______________

17.(多选)你或你的家人如何看待国家对高校家庭经济困难学生的资助?(　　)

A.理所当然是应得的

B.国家的政策好,要懂得感恩回报

C.无所谓,我不拿别人也会拿

D.接受资助后心理压力很大

E.其他______________

18.(单选)你获得过国家助学金吗?(　　)

A.获得过

B.没获得过

19.(多选)如果你已在国家助学金推荐名单中,你却发现有比你更困难的同学没在国家奖学金推荐名单中,你将怎么做?(　　)

A.自己评上就行了,不管别人

B.装作不知道,顺其自然

C.主动向老师提出将评选名额让给更困难的同学

D.从未想过这个事情

E.其他______________

20.(单选)你参加过学校或学院组织的家庭经济困难学生诚信教育等类似的会议、活动吗?(　　)

A.有,自愿参加过

B.有,学校硬性要求参加的

C.没有

21.(多选)你认为大学生毕业后拖欠助学贷款本息这一现象和什么有关?(　　)

A.大学生诚信素质降低

B.大学生缺乏社会责任感

C.还贷机制需要更科学合理

D.需加强还贷的强制性力度

E.需建立完善银行征信系统

F.社会缺乏诚信的影响

22.(多选)你认为获贷学生毕业后欠还贷款的行为会产生以下哪些影响?(　　)

A.应当受到谴责

B.应记入个人诚信档案

C.会影响以后在校同学获贷的比例

D.无所谓

23.(单选)你认为高校结合学生资助活动推进诚信教育是否有必要?(　　)

A.很有必要

B.没必要

C.无所谓

24.(多选)如果你是已贷款的毕业生,你会采取以下哪些行为?(　　)

A.按时还本付息,认真履行应有的责任和义务

B.经济上有能力的时候再还

C.不催我就不会还

D.能拖就拖,赚的钱先满足买房等要求

E.反正是国家的钱,还不还都无所谓

F.个人征信系统是吓唬人的

25.(单选)在校期间你是否参加过社会公益活动?(　　)

A.是

B.否

26.(多选)你如何看待大学生参加社会公益活动?(　　)

A.浪费时间

B.可以锻炼大学生的社会实践能力

C.回报社会,服务社会

D.增强大学生的社会责任

E.其他______________

27.(多选)当你获得国家、社会及他人资助后,你属于以下哪种情况?(　　)

A.十分珍惜,奖助学金全用在解决生活困难上

B.既然资助金已经给我了,我想怎么用就怎么用

C.经济紧张的时候我节约着用,宽松的时候我就大方消费了

D.评选助学金的时候同学们都投了我的票,我理所应当请客答谢

E.获得资助来之不易,我做到了勤俭节约

28.(单选)毕业后,如果有能力,你是否愿意资助他人?(　　)

A.愿意

B.无所谓

C.不愿意

29.(多选)你认为学校目前急需要对家庭经济困难学生开展以下哪些方面的教育?(　　)

A.人生观、价值观和价值观

B.自立自强教育

C.挫折教育

D.幸福观教育

E.金钱观教育

F.勤俭节约教育

G.诚信教育

H.感恩教育

I.奉献教育

J.责任教育

K.其他教育______________

30.(多选)部分家庭经济困难学生责任缺失,你认为缘于以下哪些因素的影响?(　　)

A.社会环境的影响

B.教育力度不够

C.家庭的影响

D.自身要求不严

E.其他______________

31.(多选)你认为改进诚信教育和责任教育的方法有哪些?(　　)

A.加强理论教育

B.加强个别辅导

C.加强实践体验

D.注重教学和管理中渗透

E.发挥家庭经济困难学生的主动性

F.加强宣传活动,营造良好氛围

32.(多选)你认为加强诚信教育和责任教育主要靠谁?(　　)

A.家庭经济困难学生本人

B.家长

C.社会和政府

D.高校教师

33.请你列举几个你认为家庭经济困难学生应当在资助育人工作中应当承担的责任。

____

问卷到此结束,再次对您的合作致以最真诚的感谢!

图书在版编目（CIP）数据

新时代高校资助育人的理论与实践 / 张琳著 . 湘潭 : 湘潭大学出版社, 2024. 8. -- ISBN 978-7-5687-1534-8

Ⅰ . G649.20

中国国家版本馆 CIP 数据核字第 2024AC7094 号

新时代高校资助育人的理论与实践

XINSHIDAI GAOXIAO ZIZHU YUREN DE LILUN YU SHIJIAN

张琳 著

责任编辑：李志红
封面设计：李 平
出版发行：湘潭大学出版社
社 址：湖南省湘潭大学工程训练大楼
电 话：0731-58298960 0731-58298966（传真）
邮 编：411105
网 址：http://press.xtu.edu.cn/
印 刷：长沙鸿和印务有限公司
经 销：湖南省新华书店
开 本：710 mm×1000 mm 1/16
印 张：11.25
字 数：185 千字
版 次：2024 年 8 月第 1 版
印 次：2024 年 8 月第 1 次印刷
书 号：ISBN 978-7-5687-1534-8
定 价：66.00 元